Einzelpreis RM 1.–	Bei Abnahme von mindestens 50 Exemplaren 90 Pfg.
	" " " " 500 " 75 "
	" " " " 1000 " 70 "

Gesundheit ist Freude
Gesundheit ist Kraft

Gesundheit ist Lebensglück

Gedanken des Volksgesundheitslehrers

Dr. Jakob Laurenz Sonderegger

für Schule und Haus

Im Auftrage des

Reichsausschusses für hygienische Volksbelehrung

herausgegeben von

Prof. Dr. med. C. Adam
Generalsekretär des Reichsausschusses für hygienische Volksbelehrung

und

Rektor F. Lorentz
Mitglied des Reichsgesundheitsrats

Springer-Verlag Berlin Heidelberg GmbH
1930

Ursprünglich erschienen bei Julius Springer in Berlin 1930.

ISBN 978-3-662-42711-8 ISBN 978-3-662-42988-4 (eBook)
DOI 10.1007/978-3-662-42988-4

Vorwort.

„Gesundheit ist Lebensglück“ — das war der Wahlspruch, unter dem die Reichsgesundheitswoche des Jahres 1926 stand. Diese erste große Veranstaltung des „Reichsausschusses für hygienische Volksbelehrung“ war ein mächtiger Impuls für den Gedanken der hygienischen Volksbelehrung. Mit allen Mitteln der Belehrung und Propaganda wurde versucht, die Aufmerksamkeit auf die Notwendigkeit der Gesundheitspflege hinzulenken. Dem einzelnen sollte gezeigt werden, in welcher Weise er seine Gesundheit fördern, seine Kräfte stählen und seine Lebensfreudigkeit steigern kann. Der Gesamtheit unseres Volkes sollten die Pflichten aufgezeigt werden, welche sie gegenüber der Gesundheit jedes einzelnen Volksgliedes hat. „Einer für alle und alle für einen“ — das sollte auch eine Verpflichtung zu gesundheitlicher Betätigung werden. Es sollte innerhalb der Sphäre der wirtschaftlichen Ertüchtigung der Anfang gemacht werden mit dem Aufbau einer neuen hygienischen Kultur.

Das Interesse an der hygienischen Volksbelehrung ist seit dieser Veranstaltung in stetem Wachsen begriffen, da man das Problem der Hygiene als ein gemeinsames, als ein öffentliches, als ein soziales empfindet. In dem Bewußtsein gemeinsamer hygienischer Pflichten vereinigen sich heute weite Kreise der Bevölkerung zu dieser Arbeit. Der Arzt als der berufene Künder der Lehren der Gesundheit ist auf Grund seiner Standesordnung zu diesem Dienst an der Volksgesundheit verpflichtet. Der Lehrer oder Erzieher muß bei der erzieherischen Pflege der leib-seelischen Einheit der Heranwachsenden auch der Gesundheitslehre seine Beachtung schenken. Wenn er dabei kulturbiologisch eingestellt ist, so wird er alle die Wechselwirkungen beachten, welche zwischen dem Bau und den Verrichtungen des menschlichen Körpers einerseits und den Einflüssen der Umwelt andererseits bestehen. Ihm wird die hygienische Aufklärung ein Teilgebiet der ganzen Volkserziehung. Für die gesundheitliche Gestaltung der Jugend fällt weiterhin dem Elternhause zu, die Erziehungsideale der Schule durch stete Gewöhnung und Beachtung der herausgestellten Ideen zur Formung zu verhelfen. Arzt und Häuslichkeit werden ja insbesondere zusammenzugehen haben, wenn es sich um Behebung körperlicher Schäden oder psychisch abnormer Erscheinungen handelt. — Alle Kreise müssen heute der Hygiene eine größere Beachtung schenken, als es in sonstigen Zeitläuften der Fall war.

So darf auch die hygienische Prophylaxis unserer großen Volkskrankheiten und die physische Erziehung unseres Volkes nicht mehr als eine „hochachtbare Schwärmerei“ behandelt werden, sondern sie muß allen Volksgenossen eingehen.

Hierzu will die hygienische Volksbelehrung ein Wegweiser sein, indem sie bestrebt ist, überall das Interesse für Gesundheitsfragen zu erwecken. Dazu benutzt sie alle Wege der neuzeitlichen Propaganda, seien es die Ausstellungen oder Vorträge der mannigfachsten Art, Film- und Lichtbildvorführungen und Darstellungen auf der Bühne. In größtem Rahmen ist aber auch das geschriebene Wort zu Hilfe genommen worden.

Viele der Gesundheitsmaßnahmen und Regeln sind schon so alt, wie die Menschheit selbst. Ihr Zusammenleben erforderte auch Bestimmungen und Satzungen zur Wahrung der Gesundheit. So finden wir denn auch im Schriftgut vergangener Zeiten manch segensvolles hygienisches Samenkörnlein. Eine besondere Fundgrube aber stellen die Schriften eines Mannes dar, der selbst als Arzt tätig gewesen ist; es ist der St. Gallener Doktor Jakob Laurenz

Sonderegger. — Er ist ein wahrer Pionier der Volksgesundheit geworden. Von seinen Schriften soll in nachfolgendem das herausgestellt und erhalten werden, was auch noch heute für die Förderung unserer Gesundheit von Bedeutung ist. Sie mögen dem Leser empfohlen sein mit den Worten, die dieser feinsinnige Schriftsteller selbst seinem Buche: „Vorposten der Gesundheitspflege" vorangestellt hat.

„Fühlung mit dem alltäglichen Leben zu suchen und nachzuschauen, wie die Hygiene da aussieht, wo sie in den Kreisen der bürgerlichen Gesellschaft und am Glücke des einzelnen mitarbeiten soll", das sei ihre Aufgabe. „Mögen sie manche Herzen und Häuser besetzen, wo gemütliche und gebildete Menschen wohnen, und der naturwissenschaftlichen Auffassung des Lebens nicht bloß Achtung, sondern auch Liebe erobern helfen."

Berlin, im Januar 1930.

Die Herausgeber.

Inhaltsverzeichnis.

Einleitung.

Ein Standpunkt
aus den
„Vorposten der Gesundheitspflege"
von
Dr. L. Sonderegger.

Gesund und glücklich möchte jeder sein; der eine sitzt wie ein Bettler am Wege und wartet, daß ihm der gute Gott Gesundheit und Leben als fertiges Almosen zuwerfe; der andere bittet bloß um Segen zu seiner eigenen Arbeit, und nur dieser kommt zum Ziele, in sittlicher und ökonomischer, in wissenschaftlicher und gesundheitlicher Beziehung.

In keinem Gebiete menschlichen Denkens und Fühlens herrscht noch so viel Unklarheit, so viel angeborene Eitelkeit und Leidenschaftlichkeit wie in den Fragen über Erhaltung des Lebens und der Gesundheit. Die Schätze der Wissenschaft, die von Galiläi bis Helmholtz in so reichem Maße zutage gefördert und unter die Völker verteilt wurden, sind noch keineswegs so weit in die Tiefe gedrungen, um für Millionen mehr als Schmuck und Spielzeug zu sein.

Es gibt aber keine Sündenvergebung im Reiche der Natur, sondern es herrscht vollendete Gesetzmäßigkeit. Der Menschenleib ist eine Maschine, die genauer arbeitet als jeder Chronometer und auf bestimmte Störungen mit bestimmten Abweichungen antwortet. Das Leben ist ein chemisch-physikalisches Experiment, dessen Vorbedingungen genau erfüllt sein müssen, wenn es gelingen soll. Der Haushalt des Leibes ist ein Kassabuch, welches keine Ausgaben gestattet ohne entsprechende Einnahmen; Tränen und Verzweiflung ändern das Ergebnis einer schlechtgeführten Rechnung nicht, Medikamente und Kuren vermögen den unvermeidlichen Sturz nur um ein Geringes hinauszuschieben.

Die Welt ist ein Auswandererschiff, und wenn dieses verunglückt, ertrinken die Passagiere der ersten Kajüte mitsamt den Leuten im Zwischendeck; sie sind alle solidarisch haftbar füreinander, und jeder hat die Pflicht, das Feuer zu versorgen und in der Not an die Pumpen zu gehen. Die müßige Disputiersucht ist dem Tode geweiht, besonnenes Handeln rettet und erhält das Leben. „Nur dem Mutigen hilft Gott" und „Nur der verdient die Freiheit und das Leben, der täglich sie erobern muß".

Dr. Jakob Laurenz Sonderegger.

(Ein Lebensbild)

„Ich bin überzeugt, daß, wenn auch nicht schon morgen, dennoch eine bessere Zeit anbricht, in welcher die Naturwissenschaft im Dienste der Humanität viel ausgiebiger arbeitet als jetzt und die Hygiene ein Stück Religion sein wird."

Das war das Glaubensbekenntnis eines Mannes, der wie Dr. Sonderegger in seinem ganzen Leben bestrebt war, als Arzt den Menschen zu ihrer Gesundheit zu verhelfen. Als er vor nunmehr 104 Jahren in diese Welt eintrat, da steckte die wissenschaftliche Medizin und auch die Hygiene noch in ihren Kinderschuhen. Wirklich geschulte Ärzte gab es nur in der Minderzahl, dagegen trieben die Quacksalber und Kurpfuscher ihr Handwerk unter der ungebildeten Bevölkerung. Aber auch bei den Gebildeten herrschte die größte Unwissenheit über die einfachsten

Lebensregeln der Gesundheit. Planmäßige öffentliche Gesundheitspflege war bei den leitenden Stellen und in den führenden Kreisen wenig oder gar nicht bekannt. Zwischen Aberglauben und Unglauben zwängte sich die Masse der meisten Menschen dahin, wenn ihr Lebensschifflein nicht an einer dieser Klippen zerbarst.

Wie nun sein großer Landsmann, Johann Heinrich Pestalozzi, sich der Not der Unwissenden annahm und ihnen durch eine bessere Schulbildung zu helfen suchte, so trachtete auch Sonderegger dahin, seinen Landsleuten mehr als ein Arzt zu werden. Wenn er sah, daß seine Patienten so oft infolge schlechter Wohnung, Nahrung und Kleidung, durch ihre unzweckmäßige Berufsführung oder durch ungesunde Lebensgewohnheiten krank geworden waren, so strebte er danach, nicht mit dem Medizinkasten allein zu heilen: „Schulmeister und Gesundheitspfleger" zu werden, das stellte er sich als höchste Lebensaufgabe vor. Als Arzt und Lehrer hat er gleich segensreich gewirkt und vielen Menschen persönlich und aber auch in seinen Schriften Anleitung gegeben, gesund zu werden oder gesund zu bleiben.

„Ich habe sehr viel Glück erlebt und fast alles ohne mein Verdienst", das sagt Sonderegger selbst im Hinblick auf seine so glücklich verlebte Kindheit und Jugend. Als Sohn des Gutsverwalters Ulrich Sonderegger wurde er am 22. Oktober 1825 in dem kleinen Schlößchen Grünenstein bei Balgach in der Schweiz geboren. Dort im fruchtbaren Rheintale, am Hange der Berge, verlebte er seine Kindheitstage, die aber vielfach von Krankheiten getrübt waren. Gegenüber den Brechmitteln, die sein Arzt ihm in der Jugend so oft verordnet hatte, und die ihn wahrscheinlich immer noch kränker gemacht haben, tritt er hernach ein für eine vernünftige und kräftige Ernährung der Kinder. Das altbewährte St. Galler Habermus als Morgensuppe empfahl er später den Kindern als ein probates Mittel. Vielleicht hat er selbst die von ihm verordneten morgendlichen Ganzwaschungen vermißt; denn „das Wasser erschien ihm als Bestes“ neben der Luft. Beide hat er in ihrer Gesundheitswirkung schätzen gelernt, wenn er im Herbste auf der Weide das Vieh hütete oder unter einem mächtigen Apfelbaum liegend den Robinson las.

Das Schulgebäude seines Heimatortes hat ihm wahrscheinlich bei seinen Betrachtungen vorgeschwebt, wenn er später von den Elementarschulen sagt, daß sie vorzugsweise an der schlechten Luft und an den schlechten Bänken leiden. Auf dem Obergymnasium zu St. Gallen hat er die später beklagte Überbürdung der Schüler mit Stunden und Fächern selbst kennengelernt. Die vielen Stunden für alte Sprachen haben ihn nicht in den Geist des klassischen Altertums einzuführen vermocht. Er war später der Meinung, daß der Arzt zum Studium des Hypokrates und des Celsus die alte Sprache so wenig gebraucht, wie ein gewöhnlicher Reisender die Sonnenuhr. Dagegen wandte er den Naturwissenschaften sein größtes Interesse zu. Hier legte er den guten Grund für seine praktische naturwissenschaftliche Betrachtung von Land und Menschen. So bezog er wohlausgerüstet als Zwanzigjähriger die Bundesuniversität zu Zürich. Dort fühlte er sich als Student der Medizin als das glücklichste Wesen auf Erden: „Er steht am Eingange der Welt, er sieht den lebendigen Gott durch die Schöpfung schreiten und darf einen Schöpfungsmorgen mitfeiern, schauen, wie die Kräfte auf- und niedersteigen, Menschen kommen und gehen, und er sieht es als ein täglich neues spannendes Schauspiel, ohne Gram und Sorge und ohne persönliche Verantwortlichkeit.“ In vollen Zügen genoß er die schöne Stadt mit ihrem See, den lachenden Ufern und den hochanstrebenden Bergen. Die akademischen Anstalten waren gut eingerichtet. Bei der kleinen Zahl von Studierenden war es noch möglich, daß ein enger persönlicher Verkehr zwischen Schülern und Lehrern gepflegt werden konnte. Hier trieb er die Anatomie, studierte jedes einzelne Organ und jeden Abschnitt des Körpers als ein Bauwerk, als eine Maschine, welche die höchsten technischen Leistungen in Verwertung der Naturkräfte weitaus übertrifft. Theoretisch und praktisch vertiefte er sich in die Probleme über das Leben der Organe, um so die Grundlagen zu gewinnen für das spezielle ärztliche Studium. Nach zweijähriger Studentenzeit fand er schon Gelegenheit, in dem Sonderbundkrieg seine erlangten Kenntnisse beim Transport von Verwundeten praktisch anzuwenden. Er mußte vielfach das Wundfieber als Todesursache erkennen, welche Beobachtung ihn auf den Wert der Hygiene als einer grundlegenden Wissenschaft der Medizin ganz besonders hinwies, der er seitdem sein intensivstes Interesse zuwandte. Während eines Aufenthaltes in Wien sah er bei seiner Beschäftigung an dem Allgemeinen Krankenhaus den Wert der Reinlichkeit und der Desinfektion beim Wochenbettfieber, welches damals noch so unsägliches Herzeleid bereitete. So gewann er aus eigener Anschauung und Erfahrung heraus eine Überzeugung von dem Segen der modernen Wundbehandlung und deren Maßnahmen, welche heute jedem Arzt als eine Selbstverständlichkeit erscheinen. Überhaupt genoß Sonderegger in vielen medizinischen Dingen einen recht lebendigen Anschauungsunterricht, so auch, als er 1849 eine Choleraepidemie miterlebte. Mit einem reichen Wissen ging er in das Staatsexamen, das er mit der ersten Note bestand, um hernach in Bern die Doktorwürde „mit höchstem Lobe zu empfangen". Seine Stellung zu den Examina hat er selbst recht treffend dargelegt, wenn er sagt: „Und nun zum Examen. Es ist Ehrensache, daß es gemacht sei, auch da, wo es nicht verlangt wäre. Was man nicht zeigen kann, hat man nicht, und was man nicht sagen kann, weiß man nicht. Nur unbefangen heraus mit der Wahrheit, daß man sie freudig anerkenne! Auch in der Wissenschaft verdeckt die Prüderie meist nur einen schlechten Lebenswandel."

Als Sonderegger am 1. Januar 1850 in Balgach seine

Praxis aufnahm, da mußte er zunächst alle Vorzüge und Nachteile eines Landarztes auskosten, die er uns selbst so ansprechend schildert. „Der Landarzt ist ein geplagter Mann, wissenschaftlich überfordert, weil er in allen möglichen Spezialitäten Bescheid wissen soll, gemütlich, oft unglücklich, weil er die soziale Hälfte des Krankenelendes gar nicht bessern kann.“ Mit seinen Kollegen stand er immer in freundschaftlichem Verhältnis, und seinen Patienten war er ein rechter Helfer. Sein Bestreben zielte aber hauptsächlich daraufhin ab, nicht nur Krankheiten zu heilen oder zu mildern, sondern als das Höchste erschien ihm die vorbeugende Medizin, die Gesundheitspflege. „Alle Welt spricht davon, aber sehr wenige machen Ernst damit. — Lehre die Menschen haushälterischer zu sein mit dem eigenen Leben und barmherziger mit dem Leben anderer!“ So hielt er es schon damals für die größte Tat eines Arztes, sich selbst überflüssig zu machen und entsprach bereits der Forderung unserer heutigen ärztlichen Standesordnung: Der Beruf des deutschen Arztes ist Gesundheitsdienst am deutschen Volke.

„Das Kapital aller Kapitale ist die Gesundheit, die Leistungsfähigkeit eines Volkes. Bessere gesundheitliche Lebensbedingungen sind für Millionen unserer Mitmenschen erreichbar. Wir müssen dazu kommen, daß jede Gemeinde, so gut wie sie ihre Kirchen, ihre Schulen, ihr Armen- und Waisenhaus, ihr Amtshaus und ihr Gefängnis, ihre Feuerwehr und ihre Vereine hat, ebenso auch ihr zeitgemäß eingerichtetes und betriebenes Krankenasyl, ihre obligatorische Krankenkasse und ihre mit Einsicht und mit Vollmacht arbeitende Gesundheitsbehörde besitzt.“ So finden wir diesen selbstlosen Mann schon am Werke zur Schaffung eines Kanton-Spitals in St. Gallen, dessen Leitung er 15 Jahre hindurch mit weisem Takt und großem organisatorischen Geschick innegehabt hat. „Des armen Lazarus im Kulturstaate“ hat er sich hier insbesondere angenommen und für ihn durch Schaffung von Freibetten gesorgt, da er in dem Wohlwollen die einzigste Grundlage eines glücklichen Staatslebens sah. Die Volksgesundheitspflege als ein Mittel zur Lösung sozialer Fragen zu betreiben, war diesem Menschenfreunde ein dringendes Verlangen. Schon damals setzte er sich ein für die Schaffung gesetzlicher Bestimmungen zur Vermeidung gesundheitlicher Schädigungen durch Fabrikarbeit; er betrieb weiter den Erlaß eines Epidemiegesetzes. 1883 verwirklichte er einen weitschauenden Plan für die Zwecke gesundheitlicher Aufklärung und brachte eine besondere hygienische Abteilung auf der Landesausstellung in Zürich zusammen. Den großen Volksschädigungen durch Alkoholgenuß, durch die tückische Tuberkulose widmete er seine besondere Beachtung, wofür auch seine Ausführungen ganz besonders sprechen.

Als ein Haupterfordernis betrachtete Sonderegger die Verbesserung des hygienischen Unterrichts. Wie er sich in seinen Schriften als ein Lehrer der Volksgesundheit betätigte, dafür sind ja vor allem seine „Vorposten der Gesundheitspflege“ (zuerst erschienen im Jahre 1873) ein bleibendes Denkmal. Einen Beweis seiner Lehrbefähigung gibt er ferner in einem Beitrag für das Schulbuch der Ergänzungsschule des Kantons St. Gallen, den er betitelt: „Der Mensch“. Von der Volksschule fordert er, daß sie bereits nach diesem Muster in psychischer Weise Gesundheitspflege lehren sollte. Für die Lehrer fordert er die Hygiene als Lehrfach an den Ausbildungsanstalten. Er setzt sich weiterhin ein für die Schaffung von Sammlungen und Laboratorien für den Unterricht in der Gesundheitslehre sowie für den Ausbau der hygienischen Lehrstühle zu besonderen Instituten. Vieles von seinen Forderungen hat erst in heutiger Zeit seine Verwirklichung gefunden. So ist er uns in dem Bestreben nach hygienischer Prophylaxe gegen die großen Volkskrankheiten und in der Forderung der physischen Erziehung unseres Volkes ein Wegbereiter unserer hygienischen Volksbelehrung überhaupt geworden. Als er am 20. Juni 1896 aus diesem Leben abberufen wurde, da hatte er als Vorkämpfer der vernünftigen Gesundheitspflege schon manchen Strauß für seine weitgehenden Ansichten ausgetragen. Dennoch erfüllte es ihn mit innerer Befriedigung, daß er das ärztliche Pflichtenheft noch um ein wertvolles Blatt bereichert habe. Seinen Seherblick läßt uns seine Selbstbiographie erkennen, in deren „Bilanz" er selbst sagt: „Also gehörte auch ich zu den Glücklichen, die durch die Hygiene aus dem Hause der pharmazeutischen Knechtschaft geflogen, nach langen Irrfahrten und nach manchem unnötigen Apisdienste das gelobte Land der Volksgesundheitspflege wenigstens erspähen und seine äußerste Grenze betreten durfte". Als Arzt, als Schulmeister, als Priester hat Sonderegger gewirkt, um den Leib und den Geist und das sittliche Gefühl der Menschen durch eine vorbeugende Hygiene zu einer einheitlichen und kräftigen Leistung zu erziehen.

Dr. L. Sonderegger, der Pionier der Gesundheitspflege in seinen Schriften.

Aus den

„Vorposten der Gesundheitspflege".

A. Lebensbedingungen.

I. Luft.

Die großen Gesetzgeber des Altertums hatten weniger Mittel und Ergebnisse der Naturbeobachtung, aber viel mehr menschlichen Takt als ihre spekulierenden Nachfolger, und verwoben allenthalben hygienische Vorschriften mit den religiösen und sittlichen; wie Seele und Leib verbunden sind, so war es Gottesverehrung und Gesundheitspflege. Moses erscheint auch in der Diätetik der Luft als der unübertroffene Naturbeobachter, indem er seinem Volke nicht nur Waschungen, sondern ebenso Lüftung und Scheuerung aller einzelnen Geräte und Winkel des Hauses befahl. Dennoch wußten auch die Alten vom Wasser mehr zu sagen als von der Luft, und diese blieb der Tummelplatz aller möglichen Hypothesen, von den Pfeilen, welche Phöbus Apollo vom klingenden Bogen ins Griechenlager sandte, daß sie Krankheit erzeugten, bis zu den stillen Ausflüssen des Mondes und der Gestirne, an welche das Mittelalter glaubte, und zu den ebenso unklaren tierisch-magnetischen Strömungen und „den Spaziergängen im magnetischen Meridian".

Staub dringt überall ein, nicht nur in die Atmungs- und Verdauungsorgane, sondern auch in die bestverschlossenen Uhrengehäuse, und er findet sich noch in einer durch langen Regen gründlich ausgewaschenen Luft. Ehemals war er einfach lästig. Seit Ehrenberg 1828 ihn mikroskopisch zu erforschen anfing, ist er aber auch äußerst merkwürdig geworden: eine Landesausstellung im verwegensten Sinne des Wortes. Wir unterscheiden nach Nägeli: den sichtbaren Staub, das Objekt des Kehrbesens, das Abscheuerungsprodukt unserer Gesteine, Hölzer, Pflanzen, Bauten, Geräte, Kleider und Speisen, unserer Haut und unserer Abfallstoffe. Der Straßenstaub großer Städte enthält überdies auch sehr viel Pferdemist und Ammoniaksalze.

Der Staub wandert mit den großen Strömen und Stürmen unseres Luftmeeres von einem Erdteil in den andern, aus der Sahara nach Deutschland, oder aus den russischen Wäldern nach Italien (Nadelholzblütenstaub), von Holland nach Schweden (Moorrauch), aus den Steppen Südamerikas nach Portugal usw., ja Nordenskjöld hat auf den vergletscherten Einöden Grönlands auch einen eisenhaltigen Staub gefunden, den er als kosmischen, aus dem Weltraum herabgefallenen Staub betrachtete.

Die zweite Sorte bilden die Sonnenstäubchen, deren glänzende Schwärme jedem bekannt sind. Sie enthalten meistens feinstzerriebene organische Massen und Samen von Schimmelpilzen und ähnlicher Flora, auch Kochsalz.

Dazu kommt aber noch eine dritte Klasse. Dieser Staub reflektiert den Sonnenstrahl nicht mehr und wird, nach einem sinnreichen Verfahren von Renk, erst dann sichtbar gemacht, wenn man ihn mit verdunstendem Wasser behandelt, welches jedes „Atom" umhüllt und vergrößert. Hier finden wir vorzugsweise die Spaltpilze, denen wir so viel Gutes und so viel Böses verdanken. Sie steigen niemals aus Flüssigkeiten auf und geraten erst nach deren Vertrocknung in die Luft.

Wer gesund bleiben oder gesund werden will, muß mit dem Staube zu rechnen wissen.

Diese Kunst verstehen wir aber noch recht wenig. Abstauben heißt, den Staub von den Möbeln wegwischen und an die Wände und in die Vorhänge treiben. Noch seltener als man diese wäscht, reibt man die Wände ab. Das Schlimmste aber sind die wollenen Vorhänge und die festgenagelten Bodenteppiche, wahre Sparkassen, die den Staub, gelegentlich auch Bazillen von Tuberkulose, Diphtherie, Erysipel, Keuchhusten oder Scharlach, wohl aufbewahren und mit Zinsen wieder zurückgeben. Am allerwohlsten ist's dem Bazillus in den Ecken. Eckenrein sind gegenwärtig fast nur die chirurgischen Operationssäle und die Wohnungen weißer Raben.

Es ist eine Ironie auf alle Reinlichkeit, in Zimmern oder auf Gängen Kleider auszubürsten oder Polster auszuklopfen. Diese Arbeit sollte nur im Freien oder zum Fenster hinaus getan werden.

Miß Nightingale sagt: „Ein dunkles Haus ist immer auch ein schlecht gelüftetes, ein schmutziges und ein ungesundes Haus." Welcher Arzt weiß nicht, daß die Schattenseite einer Gasse mehr Kranke und Tote liefert als die Sonnenseite, und daß bei einem guten Teil der

Armen auch dieser Lichtmangel seinen Anteil an der Verschlechterung hat! Ein Haus ohne Sonne ist wie ein Antlitz ohne Augen, wie ein Kopf ohne Verstand, wie ein Leben ohne idealen Gehalt!

Wie farbenreich und duftig blüht die Rose dort im Sonnenschein; wie blaß und welk sitzt die Tochter des Hauses im Schatten, im stilvollen, parfümierten Modergemache. Wie weise besorgen wir unsere Pflanzen, wie töricht oft unsere Kinder!

Die Atmung.

„Des Menschen Leben liegt im Blute", sagt schon Moses. Die Aderlässer vergangener Jahrhunderte haben das Blut wie einen Auswurfstoff behandelt und entfernt. Die Naturwissenschaften aber führen uns auf den mosaischen Standpunkt zurück und sagen: das Blut ist der flüssige Menschenleib, der Anfang und das Ende aller Ernährung und alles Stoffwechsels, ein Träger und Vermittler aller leiblichen und geistigen Leistungen.

Ein Erwachsener von 70 kg Gewicht hat etwa 5—7 kg Blut, ein wohlgenährter Mann am meisten, ein abgezehrter oder ein sehr fetter am wenigsten. Das herausgelassene Blut scheidet sich in Blutwasser und Blutkuchen. Das Blutwasser enthält Eiweiß, Salze und reichlich Kohlensäure. Der Blutkuchen wird aus den roten Blutzellen oder, wie sie ihr Entdecker Leeuwenhoek (1673) nannte, Blutkügelchen gebildet. Diese sind aus Eiweißstoffen zusammengesetzt und enthalten das Hämoglobin oder Blutrot, einen für sich darstellbaren und herausziehbaren Farbstoff, der, im lebendigen Leibe wie im Laboratorium, die Eigenschaft zeigt, viel Sauerstoff aufzunehmen und ihn leicht wieder abzugeben. Das Blutwasser hält nur $^{1}/_{20}$, das Hämoglobin aber ist stets zu $^{9}/_{10}$ mit demselben gesättigt und enthält auf 1 g je 1,6—1,8 ccm Sauerstoff.

Die Lunge ist ein Gewebe, dessen Zettel Luftröhren und dessen Einschlag Blutgefäße heißen; das Gerüste, welches beides verbindet und trägt, ist elastisches Gewebe. Die Luftröhre, durch die wir zunächst atmen, gabelt sich in Ästchen aus, die an ihren Enden Haufen von Lungenbläschen tragen. Diese haben einen Durchmesser von 0,10 mm und finden sich in einer Zahl von 1800 Millionen. Sie stellen eine Fläche von 60—80 qm, zwanzigmal die Körperoberfläche, dar. So wird es uns handgreiflich klar, warum alle möglichen Gifte, der Bleiweißstaub einer Werkstätte wie die Bazillen der Tuberkulose, der Diphtherie, der Pocken, des Keuchhustens (der Influenza) usw., so rasch und wirkungsvoll durch die Lungen, durch die Atmung aufgenommen werden.

Beim ersten Atemzuge des Neugeborenen hebt sich der Brustkasten, sein Raum wird erweitert, die Luft stürzt durch Mund und Nase in die Luftröhre und ihre Verästelung hinein, überwindet das elastische Gewebe, welches das Organ wie einen zusammengefalteten Fächer gehalten hatte und durch das ganze Leben seine Neigung, sich zusammenzuziehen, behält; die Atmung ist im Gange und das Kind wird sich entwickeln und aufbauen, je nach dem Material, das ihm in Luft und Nahrung und Erziehung dargeboten wird.

Wieviel Luft verbraucht der Mensch?

Ein Erwachsener nimmt mit jedem Atemzuge wenigstens $^1/_2$ Liter normale Luft auf und gibt $^1/_2$ Liter sehr kohlensäurehaltiger Luft wieder ab.

In der Minute machen wir 16 Atemzüge und verbrauchen also 8 Liter Luft.

In der Stunde $60 \times 8 = 480$ Liter.

In 24 Stunden $24 \times 480 = 11\,520$ Liter.

Ein Liter zu 1,29 g macht 14860 g Luft.

Diese 11520 Liter Luft, die ein Mensch in 24 Stunden verbraucht, sind z. B. in einem Saale von 1900 cbm fast genau 165mal enthalten. Bei Ausschluß aller Ventilation würde also ein Mensch in 165 Tagen, oder würden 165 Menschen in einem Tage diesen Raum mit einer Luft von

40 ‰ Kohlensäure erfüllen. Es ist anzunehmen, daß 82 = 165/2 Personen innerhalb 24 Stunden in diesem Saal sterben müßten, wenn er hermetisch verschlossen wäre.

Also beinahe 15 kg = 30 Pfund Luft werden täglich von 1/4 auf 40—45 ‰ Kohlensäure gebracht und durch diese und die sie begleitenden Gase so verunreinigt, daß ohne die natürliche oder künstliche Ventilation der Wohnräume der Mensch in seinen eigenen gasförmigen Ausscheidungsstoffen zugrunde gehen müßte.

Die Größe des Luftbedürfnisses und die natürlichen Mittel, demselben annähernd zu genügen, sind noch nicht lange bekannt; in das Bewußtsein der Gebildeten und in den Gedankenkreis der Schule und des täglichen Lebens ist diese Anschauung noch ganz und gar nicht eingedrungen. Für den Grönländer in seiner Schneegrube, für den Lappen oder den Indianer in seiner Fellhütte, für unsern armen Mann in seinem übelriechenden und für manchen reichen Mann in seinem parfümierten Stübchen gibt es keine Luft, d. h. keine Luft zum Leben und Gesundsein, sondern nur eine Luft zum Krankwerden und Sterben.

Parkes sagt: Unreine Luft ist weitaus die häufigste aller Krankheits- und Todesursachen, und immer steigt die Mortalität mit der Wohnungsdichtigkeit und mit der Luftverschlechterung. Überall wird das bestätigt.

Was schlechte Nahrung und schlechte Gewohnheit begonnen, das vollendet die schlechte Luft, sie hilft einer unverhältnismäßig großen Zahl Armer vor der Zeit zum Grabe und sorgt einer unnötig großen Zahl Reicher für ergiebige Quellen ansteckender Krankheiten.

Sehen Sie die beiden Brüder, jung, schwächlich von Abkunft, und kränklich dazu! Der eine hat ein hartes Schicksal; er ist Fuhrmann oder Landarzt oder sonst etwas geworden, wobei man Tag und Nacht, bei Wind und Wetter hinaus muß. Dem andern aber fiel ein besseres Los zu, er verrichtet im behaglichen Zimmer seine gutbezahlte Arbeit. Sonderbarerweise läßt sich dieser dennoch begraben, während sein „ungeschützter“ Bruder immer fortlebt und gelegentlich alt wird. Nomadisieren ist gesund! Wenn der Kulturmensch krank wird, muß er ein Nomade werden, um zu genesen.

Die Zimmer tragen stets die Physiognomie ihrer Bewohner. Der Weise sorgt für Luft und Licht, ein Tor vor allem für Aufputz. Der Wert eines Zimmers besteht zunächst in seiner Größe. Es ist das Vornehmste, was es gibt, jeden Atemzug Luft nur ein einziges Mal gebrauchen zu müssen, und ihn dann gleichsam beiseite legen zu dürfen, während der Arme oder der Gefangene, oder die Dame in ihrem reizenden Boudoir ihre alte Ausatmungsluft immer und immer wieder verzehren müssen: mitleidenswerte Wiederkäuer.

Man öffnet für die Nacht immer ein oberes Fenster, immer dasjenige, welches in der größten Entfernung vom Bette steht. Man öffnet im Sommer weit und voll, bei kühler Jahreszeit halb, bei Kälte nur wenig. Im Winter genügen einige Zentimeter, um den Dunst und Schwaden eines Schlafzimmers zu bewältigen. Wem das Freude macht, der kann auch die altbekannte Blechröhre von 12 cm Durchmesser einsetzen lassen, aber ohne das Spielzeug von Windrädchen. Das Beste und Angenehmste sind Glasjalousien, die wie eine gewöhnliche Scheibe in den Fensterrahmen eingesetzt werden können.

Während des An- und Auskleidens wirft die Klugheit das Fenster vollends zu; nachher öffnet aber es die Weisheit wieder, und die Gesundheit wohnt mit Vorliebe in einem beständig gelüfteten Schlafgemache. Der Adjunkt hat gesagt: Wenn ich Gott Rechenschaft geben muß über meine ärztliche Praxis, so möchte ich nichts leichter verantworten, als wenn ich jedem meiner Patienten eine Fensterscheibe hinausgeschlagen hätte. Der Schalk hat recht. Es sind eben wirklich, in der Hygiene wie in der Moral, nur wenige und sehr einfache Gedanken, auf die es schließlich ankommt. Der Schwerpunkt liegt in der Beharrlichkeit der Ausführung.

II. Wasser.

Es ist ein Zeichen der Halbkultur, das Wasser gering zu achten. Der Wilde rechnet es hoch, zieht frischen Quellen nach, und der Pfadfinder der Kultur siedelt sich an Flüssen an. Die alten Griechen schwärmten für ihre Quellen, und die alten Römer gaben das Gold ihrer Siege und das Erträgnis ihrer Provinzen auch an gute Wasserleitungen, die selbst als Ruinen uns noch Respekt einflößen; auch die Araber waren durch Generationen gewöhnt, gute Brunnen zu finden. Es war einer krankhaften Weltanschauung des Mittelalters vorbehalten, das Leben grausam zu behaupten, um es zu vergeuden, die Materie zu verachten, anstatt sie zu beherrschen. Die Naturwissenschaft sucht durch Verständnis und Ordnung aller materiellen Lebensbedingungen der Freiheit und Sittlichkeit eine festere Grundlage zu geben. Ein reines, gesundes Trinkwasser ist ein wesentliches und anerkanntes Kennzeichen der selbstbewußten Kultur.

Ursprünglich war der „Brunnen“ meistens ein durch Nachgraben gewonnenes Grundwasser, ein „Tiefbrunnen“, in unserer biblischen Geschichte mit Schöpfeimer und Seil, und seit Galiläi den Luftdruck entdeckte, in unsern Landen ein Pumpbrunnen. Wenn er wirklich in der Tiefe liegt, nicht bloß eine heuchlerische Pfütze, ein sogenannter Flachbrunnen ist, und wenn er ferner reingehalten wird, sowohl in seiner Umgebung als in seinem Betriebe, dann hat er Anspruch auf alle Ehren eines lebendigen Brunnens. Gewöhnlich verdirbt auch hier schlechte Gesellschaft die gute Sitte, und die Mehrzahl unserer Pumpbrunnen ist durch die Berührung mit der menschlichen „Kultur“ unzuverlässig oder ganz schlecht geworden. Der Erdboden ist durchlässig, die Hausgruben und die Brunnenschächte sind es ebenfalls, und wo es sich nicht um ein aus großer Tiefe aufquellendes Grundwasser handelt, da trinkt der Mensch aus dem in bequemer Nähe angelegten Pumpbrunnen ganz gelassen einen Teil seiner eigenen Auswurfstoffe. Frankland fordert für Tiefbrunnen wenigstens 30 m Tiefe und zählt die andern zu den Flachbrunnen. Die Natur des Bodens ist übrigens maßgebend.

Die Wasserbeschaffung ist eine Lebensfrage für jedes Haus und für jeden Ort, und gar nicht ohne Einfluß auf die Krankheits- und Todesziffer. Gesundheitlich gut ist jedes Wasser in dem Maße, als es frei ist von unorganischen und von organischen Verunreinigungen. Kohlensäure und kleine Mengen von Kalk sind angenehme Beigaben.

Wasser aus dem Hochgebirge, aus Wäldern, aus Gebieten, welche nicht der Kultur, d. h. der Düngung unterworfen sind, ebenso Wasser aus großen Tiefen, das durch mächtige und dazu auch reine Bodenschichten hindurchgegangen, wirkliches Grundwasser, ist als rein und empfehlenswert zu betrachten.

Wasser aus großen Seen ist meistens sehr rein, aber oft etwas schal und nicht schmackhaft.

Wasser aus Flüssen „ist vollkommen überall, wo der Mensch nicht hinkommt mit seiner Qual". Alle Kultur, Stadt oder Dorf, Paris oder Kalkutta, hat die Flüsse besudelt.

Wasser aus Ackerland und Wiesen gesammelt ist meistens nur Dränierwasser. In so manchem stolzen Dorfe galt es als selbstverständlich, daß zur Zeit der Düngung sogar die „allerbesten Brunnen" ungenießbar waren. In denselben sehr wohlhabenden Orten war sonderbarerweise auch der Typhus alle paar Jahre selbstverständlich.

In weit größerem Maße besteht solche Gefahr bei den Pumpbrunnen, die wenig tief und in gelegener Nähe bei Häusern und Ställen angelegt, sehr oft mit Grundwasserbrunnen verwechselt werden.

Die traurigste Wasserversorgung ist diejenige aus Pfützen und Bächen. Man trifft sie nicht selten, zum Schaden und zur Schande, selbst an Orten, wo gute Quellen in erreichbarer Nähe zu haben wären.

Große Gemeindewesen finden in ihrer näheren Umgebung niemals Quellen genug, um die nötige Anzahl öffentlicher und privater Brunnen zu speisen, und es bleibt ihnen schließlich nur die Wahl zwischen den Pumpbrunnen aus dem Kulturschmutz des Baugrundes oder aber der Herleitung aus einem großen Sammelgebiete, welches leider oft recht entfernt liegt. Rom hatte zur Zeit Konstantins 34 große öffentliche Wasserleitungen.

Gesundheitsschädigungen.

Die Gesundheitspflege muß sich vor allem darüber klar sein, wie sie sich die Wirkung eines organisch verunreinigten Wassers vorstellt, nach wissenschaftlichen oder praktischen Erfahrungen vorstellen muß.

Vorerst macht ein solches Wasser Magen- und Darmkatarrh, von der leichtesten Form, die der Reisende mit einigen Opiumtropfen beschwichtigt, bis zu den schweren Fällen, die man höflicherweise „Schleimfieber“ nennt, oder auch nur bis zu der beständigen „Unordnung“ bei sonst arbeitsfähigen Menschen.

In diesem Zustand ist der Verdauungskanal sehr geneigt und „kunstgerecht“ vorbereitet, dem Typhus- oder dem Cholera- oder dem Ruhrbazillus einen guten Nährboden darzubieten.

Verwendung im Haushalte des Menschenleibes.

Der Mensch, welcher im Lichte der mosaischen Schöpfungsgeschichte Adam, d. h. Erdmann, heißt, und von dem der Talmud sagt, er sei aus allen Arten des Erdenstaubes gemengt, könnte auf dem Standpunkte der Chemie ein Wassermann genannt werden, denn er besteht zu 63% seines ganzen Gewichtes aus Wasser; sein weises Gehirn hält 81%, sein tapferes Herz 73%, das kostbare Blut 68 bis 70%, der starre Knochen 9% und der glasharte Zahnschmelz noch 2% Wasser. Darum mögen wir wohl zusehen, woher wir dieses unser Baumaterial beziehen!

Der Mensch stirbt, wenn er für ein paar Minuten keine Luft bekommt, diese ist also sein Allernotwendigstes; er stirbt, und zwar in Wahnsinn und Verzweiflung, wenn er für wenige Tage (10—14) gar kein Wasser bekommt; ist ihm aber Wasser gewährt, so stirbt er an absolutem Nahrungsmangel erst nach mehreren Wochen. Das Wasser ist noch wichtiger und verhängnisvoller als alle Nahrung.

Ist unser Hauptlebensmittel, das Wasser, gut, so ist vieles gut; ist es schlecht, so vermag keine andere Speise es gut zu machen.

Sehr große Mengen Wasser, ebenso Eiswasser oder heißes Wasser verderben den Magensaft und heben die Verdauung vorübergehend auf. Ebenso gefährlich sind große Mengen kalten Wassers, die bei erhitztem Körper rasch getrunken werden. Ein Mensch, den man im russischen Dampfbade, oder im römisch-irischen Luftbade, oder in der feuchten Einpackung des „Wickels" tatsächlich wärmer gemacht hat als normal, verträgt die Abkühlung einer Regendusche vortrefflich. Er hat aufgespeicherte Wärme und gibt sie gerne ab, und die Haut ist der kunstreich eingerichtete Apparat, diese Temperaturausgleichung zu regeln.

Die Empfehlung oder das Verbot, in die Hitze hinein zu trinken, ist oft mehr unrichtig als geistreich. Es kommt auf die Umstände an. Der schweißbedeckte Wanderer, der glühende Feldarbeiter, besonders aber der schwerbepackte und eingepackte, in dichter Kolonne marschierende Soldat: sie müssen trinken, wenn sie nicht dem sogenannten Hitzschlage erliegen sollen. Sie trinken ohne alle Gefahr, insofern ihre Arbeit sogleich wieder fortgesetzt wird. Üble Zufälle vom kalten Trunke bedrohen wesentlich den Rastenden.

Warum soll der Mensch baden?

Zunächst, um sich abzukühlen oder zu erwärmen, dann aber ganz besonders, um sich rein zu halten.

Der Mensch wird, wie jedes Gerät, mechanisch verunreinigt, und alle Stoffe seiner weitesten und nächsten Umgebung lagern sich in Staubform auf ihm ab und dringen bei vielen Gewerben so tief in die Haut ein, daß sie für lange Jahre charakteristisch gefärbt wird.

Zu diesen fremden Dingen kommt der selbstproduzierte Schmutz des Menschenleibes. Die Oberhaut schuppt sich in so bedeutendem Maße ab, daß, wer sich durch Jahre täglich abwäscht, auch täglich ein trübes Waschwasser liefert und mit dem Mikroskop eine Masse Oberhautzellen, Härchen, Salzkristalle und organischen Schmutz darin auffinden kann. Diese Zellen sind die Träger von Fetten, organischen Säuren und Salzen, die täglich aus dem Körper treten; der „saure Schweiß" ist keine Redensart, sondern immerdar chemisch genau gesprochen.

Die Haut trägt einen mehr oder weniger starken fettigen Überzug, die Millionen Talgdrüsen halten sie mit ihren zahllosen Tröpfchen geschmeidig, wasserdicht und widerstandsfähig; aber das Hautfett wird auch ranzig und bedarf der mechanischen Abscheuerung. Dazu kommt noch eine nicht unerhebliche Absonderung von Kohlensäure, die zwar nicht von ferne so groß ist wie die in den Lungen, aber doch bei Erwachsenen 3—9 g im Tag und bei Kindern die Hälfte beträgt. Mit dieser Kohlensäure gehen kleine, schwer meßbare, aber schon riechbare Mengen von Kohlenwasserstoff, Schwefelwasserstoff, Ammoniak und Fettsäuren.

Schließlich ist die Wasserverdunstung durch die Haut eine sehr bedeutende. Von 1500 g ungreifbarer Wasserabsonderung fällt etwa die Hälfte auf die Lunge, die andere auf die Haut, und Versuche an Tieren zeigen, daß man durch Überfirnissung der Haut den Lungen keineswegs die gesamte Wasserverdunstung überbinden kann.

Liebig hat gesagt, daß man den Kulturzustand eines Volkes am besten an dessen Seifenverbrauch bemessen könne; aber auch die Bäder und Waschungen sind ein solcher Maßstab.

Sich täglich wenigstens Gesicht und Hände zu waschen, diese sogar mehrmals, ist selbstverständlich. Die Polarvölker, welche sich dafür mit Tran einschmieren, sind in der Minderheit. Den Tropenbewohnern, denen es bald am Wasser, bald am Willen fehlt, wird das Waschen und

Baden durch ihre Religionen mit der höchstmöglichen Autorität empfohlen.

Schlimmer als mit dem ganzen übrigen Leibe steht es schon mit dem behaarten Kopfe. Da sitzt gar nicht selten eine förmliche Schmutzhaube, und deshalb sind die Verwundungen desselben früher und ehe man desinfizierte, sehr viel gefährlicher gewesen als in den reinlicher gehaltenen Regionen. Sich den Kopf waschen zu lassen, ist allerwegen gesund.

Sehr empfehlenswert ist es auch, vor dem Zubettgehen die Hände recht sauber zu waschen, um nicht den Schmutz des Tages sich schlafend ins Gesicht zu streichen.

Ebenso ist die Reinigung des Mundes, insbesondere der Zähne, am Abend womöglich noch nötiger als am Morgen, damit nicht das ganze Heer von Fäulnis- und Gärungspilzen fröhlich gedeihe, zerstöre und dufte.

Eine tägliche vollständige Abwaschung ist nicht nur angenehm und bald unentbehrlich, sondern auch gesund wegen der Reinlichkeit und wegen der Abhärtung; schließlich kostet sie gar kein Geld und sehr wenig Zeit. Man macht sie mit ein Paar Waschhandschuhen — zwei Hände arbeiten ausgiebiger —, taucht diese in das Wasser, wie es im Schlafzimmer vorrätig ist, fährt damit über den ganzen Leib hin, fest aufdrückend, mehrmals neu eintauchend, und rasch. Man kommt in einer Minute bequem um alle Provinzen des heiligen Landes herum, „von Dan bis gen Berseba“, vom Kinn bis zu den Fersen. Eine Minute ist lange, wenn man sie ausnützt; in der „guten alten Zeit“ reichte sie für 30 Spießrutenhiebe aus. Als Unterlage genügt ein Tuch. Das große blecherne Becken ist nur dann nötig, wenn man Wasser aus einem großen Schwamme über sich herlaufen läßt, d. h. ein Schwammbad nimmt. Zu diesem genügen wenige Liter Wasser, warm oder kühl, je nach Bedürfnis; ein ganz vortreffliches, besonders in England gebräuchliches Verfahren.

Besser als bloße Abreibung ist ein tägliches Bad. Es

gibt Menschen, die in ihrer Wohnung ein schönes und heizbares Badekabinett haben und es sogar benutzen; die Mehrzahl ist auf die öffentlichen Bäder angewiesen, deren es in jedem Orte gibt. Doch nein — lange nicht an jedem Orte. Ganze große Gemeinden haben gar keine Badegelegenheit[1]. Die vielen stolzen und schönen Heilbäder und Kurorte dienen der Krankenbehandlung, dem Luxus und dem Erwerbe, aber in sehr geringem Maße der Volksgesundheitspflege.

Die alten Germanen nahmen ihre Flußbäder den größten Teil des Jahres. Auch das spätere Mittelalter badete ebenfalls recht viel, jedes Dorf hatte seine Badestube und jedes Städtchen schon eine Auswahl, z. B. Ulm 168 Badestuben. „Der Wein und die Weiber und das leidige Spiel" brachten aber die Badeanstalten in üblen Ruf und in Abgang. Sich erholen und zerstreuen heißt nun nicht mehr baden, sondern trinken. Das Trinken in allen Formen und unter allen Vorwänden beherrscht seither unsere Generationen, und die unglücklichen Menschenfreunde, welche dessen verheerende Folgen abwenden möchten, strengen alle Kräfte an, die Reinlichkeit und den Gebrauch der Bäder wieder ins Volksbewußtsein hineinzupflanzen. Es geht langsam genug; aber es geht dennoch. Zuerst kam auch hier wieder der erziehende Korporalsstock, dann kamen die großen Städte und die Weisen unter den Industriellen, zumal in Deutschland und in der Schweiz. Schwieriger als die Errichtung und der Betrieb der Badeanstalten ist die Pflege ihrer Benützung. Moses sagt: „Der Geist Gottes schwebete über dem Wasser"; unsere Geschlechter

---

[1] Anmerkung der Herausgeber: Nach einer Statistik der „Deutschen Gesellschaft für Volksbäder" gab es in Deutschland im Jahre 1926 in 97 größeren Städten nur 147 Hallenschwimmbäder, 20 Städte über 50000 Einwohner hatten noch kein Hallenbassin. In Berlin sind 3 Millionen Einwohner ohne eigenes Bad. Der Bedarf bei wöchentlicher Inanspruchnahme öffentlicher Anstalten würde 100 Millionen Bäder übersteigen; die tatsächlich verausgabten Warmbäder betragen knapp 6 Millionen!

aber glauben, er schwebete über dem Alkohol, und sind dabei namhaft heruntergekommen.

Reinlichkeit und Abhärtung, gesteigerte Befähigung zum Kampfe wider die Unbill der Witterung und des Berufes, Verminderung der Anlage zum Kranksein: das ist der Segen des Bades, der allem Volke zuteil werden soll.

III. Nahrung.

Das Leben.

„Ein großes Lebendiges ist die Natur.“ Alles ist in Bewegung. Himmelskörper durchziehen den Weltraum mit einer Schnelligkeit, bei deren Ahnung uns schwindelt, die „festgegründete Erde“ hebt und senkt sich, und was auf ihrer dünnen Schale grünt und blüht, lebt und stirbt, ist ein bunt aufleuchtender Wirbel der Erscheinungen, in welchem die einzelnen Gestalten wechseln und wiederkehren wie die Tropfen in dem flatternden Schleier eines Wasserfalles. Ein ideales Wesen, die Seele, versammelt umhertreibende Teile der Welt für eine Zeitlang zu einer persönlichen Gruppe oder zu einem Vereine, aus dem jeden Augenblick Teile austreten und in den wieder andere aufgenommen werden.

Stellen wir uns vor, Schillers Lied von der Glocke sei eine solche, in diesem Falle allerdings nur poetische Persönlichkeit, in welcher der Gedanke des Dichters zahlreiche Buchstaben planmäßig gruppiert hat. Man kann Buchstaben und Worte herausnehmen, aber muß sie sofort wieder mit ganz gleichen ersetzen, wenn der Sinn nicht gestört werden soll: also für ein verlorengegangenes Verbum wieder ein Verbum, und zwar wörtlich dasselbe, für ein Substantiv kein Adverb, sondern genau dasselbe usw. So kann das Spiel ins Unendliche fortgehen und der Charakter des Liedes ändert sich nicht; es wird mit Perlschrift sehr klein, mit Affischen als ein Riese erscheinen, ohne anders geworden zu sein. Angenommen, der berüchtigte „Zahn der Zeit“ beiße täglich Stücke aus dem Liede des Lebens, so müssen wir den Verlust fortwährend ersetzen, und zwar Gleiches mit Gleichem; das nennen wir, auf die leibliche Persönlichkeit des Menschen angewandt: Ernährung.

Findet dieser Wiederersatz ungenau statt, weil äußere Störung oder Mangel an den nötigen Buchstaben obwaltet, so werden Druckfehler entstehen, erst einzelne kleine, dann größere und sinnstörende, was wir, auf den Menschenleib angewendet, Krankheit nennen müssen; und endlich können die Druckfehler so vorwiegend werden, daß man den ursprünglichen Gedanken gar nicht mehr erkennt; oder ein äußerer Anstoß zertrümmert das richtig verbundene Ganze so, daß es die Seele nicht wieder darstellen kann: wir nenen das den Tod.

Die Buchstaben im Liede des Lebens sind alle lebendig, Zellen, millionenweise zu Organen verbunden, jede einzelne nach den uns bekannten Gesetzen der Physik und der Chemie arbeitend, aberdies aber auch arbeitend nach Gesetzen, die wir weder begreifen noch leugnen können, und deshalb ehrfurchtsvoll Lebenskraft nennen.

Abwechslung und Zubereitung der Nahrung.

Ein naher Weg zum Herzen geht durch den Magen, und mancher Idealist läßt sich darüber ertappen, daß er findet, es sei der nächste. Eine wohlfeile und einfache Speise, sorgfältig zubereitet und reinlich dargeboten, erfreut den Menschen mehr als ein zusammengeschmiertes Gastmahl. Für den Reichen ist die Kochkunst ein edler Luxus, eine Feindin der Exzesse und der Schlemmerei; für den Mittelstand und für den Armen ist sie in ökonomischer, gesundheitlicher und sittlicher Beziehung eine Lebensfrage. Je ungeschickter und unschmackhafter das Essen zu Hause, um so einladender wird das Trinken im Wirtshaus. Der schwerste Fluch kuriert schlechte Familienväter nie, aber manche bessert ein gutes Gericht, im Frieden aufgetischt. Unsere Zeit versündigt sich an den Armen, indem sie sich um deren Ernährung zu wenig kümmert, sie ihre Speisen weder kennen, noch nützlich auswählen, noch schmackhaft kochen lehrt. Der feinfühlende Feldherr ist überall dem grausamen Staatsmann mit gutem Beispiele vorangegangen. Wann wird dieser sich um die Verpflegung seiner Truppen sorgfältiger bemühen? Im ganzen bürgerlichen Leben treffen wir fast nur einzelne Wesen unter den Großindustriellen, und einzelne kleine Vereine, welche den Wert des Menschen und seiner Ernährung hoch genug anschlagen, um diese zu verbessern[1].

Es ist eine fast ausnahmslose Regel, daß arme Leute schlechtere und minderwertige Speisen kaufen, als sie für ganz gleiches Geld bekommen könnten. Diese Rechnungsfehler wiederholen sich in jedem Lande täglich hunderttausendmal, vermindern die Arbeitskraft, verbittern das Gemüt, verkürzen das Leben und verschlechtern die Rasse. Wehe dem Arzte, der hier bloß Medikamente oder, mit unabsichtlichem Hohn „bessere Speisen" verordnet. Er muß sich hinsetzen und mit seinem Klienten das Nahrungsbudget genau ausrechnen. Manche sind so freundlich, darauf einzugehen. Einfältige sollen wenigstens auf ihre eigene Rechnung umkommen. Es fehlt selbst bei sehr Gebildeten und Wohlwollenden oft das Verständnis für die Menge der Nahrung, deren der Mensch bedarf, ebenso auch für die Form, in der er sie verdauen kann und genießen mag. So kann es denn vorkommen, daß Suppenanstalten, die man bei Notständen errichtet, gar nicht gehörig anerkannt und bald wieder verlassen werden.

Daß Wohlhabende essen, was ihnen schmeckt, daß sie auch durchschnittlich mehr essen, als eben nötig, und deswegen allerlei Mängel ihrer Ernährung wieder gut-

[1] Neuerdings bemüht sich der „Reichsverein Volksernährung" Berlin NW 7 um die Verbreitung verständiger Ansichten über zweckmäßige Ernährung.

machen, weiß jedermann; auch da ersetzt der Geldbeutel die Aufklärung. Aber darum handelt es sich bei der Volksgesundheitspflege nicht, sondern der Nationalökonom und der Arzt stellen die Frage: Welche Nahrungsmittel sind so wohlfeil, daß sie weniger kosten als sie eigentlich wert sind; welche erscheinen als eben recht; und welche werden weit über ihren wahren Wert verkauft? Man nennt das den Nährgeldwert.

Essenszeiten und Essensweisen.

Hippel sagt: „Das beste Mittel gut zu verdauen, ist einen Armen zu speisen. Wirf alle deine Magentropfen zum Fenster hinaus und gebrauche dieses Mittel.“ Das heißt wohl: Hilf andern, dann wird dir selber auch geholfen. Da das Essen eine wirkliche Lebensfrage ist, wird es von der gesamten animalen Natur mit großer Aufmerksamkeit gehandhabt; nicht bloß sind die Tiere unserer Menagerien bei der Fütterung am charaktervollsten, sondern auch der Mensch offenbart sein Temperament und seine Bildung häufig genug in seiner Art und Weise zu essen, und feiert seine Lebensepochen, Freude und Trauer und Andacht, mit Mahlzeiten.

Wer arbeitet, tut gut, sein Frühstück nicht zu kärglich, am Mittag etwas an die Gabel und gegen Abend seine Hauptmahlzeit zu nehmen, um zwischen der Verdauung und der Nachtruhe noch diejenigen Geschäfte abzumachen, die mit Muße und ohne große Kraftanstrengung getan sein dürfen. Gleich nach dem Aufstehen hat noch kein Kulturvolk seine Hauptmahlzeit gehalten, weil im Schlafe wenig Nährstoffe verbraucht werden. Da unsere Vorfahren früher aufgestanden sind als wir, haben sie auch ihre Hauptmahlzeit früher genommen, im XV. Jahrhundert morgens 8 Uhr, im XVI. morgens 10 Uhr. Bei angestrengter Muskelarbeit sind nahrhafte Zwischenmahlzeiten unerläßlich, die beliebten „Trünke“ aber gesundheitsschädlich.

IV. Genußmittel.

Die Illusion.

Wer ist glücklich? „Wer am wenigsten bedarf", sagt Diogenes. Ihm antwortet Sallet spottend: „Wie behaglich liegt der Ochse dort im Grase, Geh, leg dich neben ihn!"

Wer ist glücklich? Wer am meisten besitzt, sagt die Welt, und rennt atemlos dem Besitze des Geldes, der Ehre und der Sinnengenüsse nach. Abgesehen davon, daß der zu Tode Gehetzte sein Ziel oft nicht mehr erreicht, liegt in diesem „Lebensglück" selber ein zerstörendes Element, so daß man gewohnt ist, denjenigen als „abgelebt" anzusehen, welcher „das Leben reichlich genossen" hat.

Das Glück hat kein äußeres Merkmal. Der Mensch ist nur glücklich in der Idee; nicht diejenigen Güter sind sein, die er erobert oder gar ererbt, sondern nur die, welche er beherrscht: das Leben ist um so genußreicher, je mehr Genußmittel es beherrscht!

Die Genußmittel teilen mit manchem Kultus die Eigenschaft, das Gehirn zu betäuben, die Stimmung zu färben und das Leben zu verschönern, ohne es im mindesten zu verbessern.

Wirklichen Lebensgenuß gewährt einzig und allein die Arbeit; scheinbaren Genuß ohne Arbeit gewähren viele Gehirnreizmittel, jedes in seiner Art, und deshalb ist man dazu gekommen, eine Anzahl von Gehirngiften Genußmittel zu nennen, im Gegensatze zu den Speisen, welche, in ganz anderer Bedeutung des Wortes, ja auch „genossen" werden.

„Der Drang nach Wahrheit und die Lust am Trug", beides liegt in der Menschennatur; darum haben alle Völker der Erde Bedürfnis und Mittel, sich umzustimmen und zu betäuben: giftige Pilze im hohen Norden, dann Branntwein, Wein, Äpfelwein, Milchwein (Kumys), Palmwein, Tee, Kaffee, Tabak, Opium, Hanf, Koka usw. durch alle Zonen; alle leisten diesen sonderbaren Dienst, der im Leben der Tierwelt nichts ähnliches hat; fast alle, mit Ausnahme des Alkohols, wirken durch stickstoffhaltige, sehr zusammengesetzte Verbindungen, sogenannte Pflanzenalkaloide, die wir in aufsteigender Reihe als Tein, Kaffein, Chinin, Morphium, Kokain, Nikotin und Strychnin bezeichnen; sie gehen in das Blut, durchwandern den gesamten Körper und treten wieder aus, ohne sich vollständig zersetzt zu haben; sie übernehmen in keiner Weise die Leistungen eines Nahrungsmittels und sind nur in bestimmten ganz kleinen Gaben fähig, das Gehirn auf eine, dem Leben förderliche Art anzuregen; in großen wirken sie sämtlich als Gifte; endlich sind auch alle bis auf einen gewissen, oft sehr hohen Grad der Einbürgerung fähig und können, trotzdem sie ihre Wirkungen nie einstellen, durch Angewöhnung erträglich werden. Die grundsätzliche Verurteilung der Genußmittel ist eine Verirrung. Was der Mensch zu allen Zeiten und in allen Zonen getan hat, und noch tut, das ist wenigstens kein Zufall.

Wein.

Der Wein ist durch Religion und Sitte der ehrwürdige Repräsentant der Genußmittel, wie das Brot das geheiligte Vorbild der Nahrung. Er ist reizend, wie man ihn auch betrachte. Mit dem Glanze des Goldes oder des Purpurs blickt er uns aus dem vollen Becher an; flüchtige Öle und Essigäther verleihen ihm spezifische, nach Ort und Jahrgang unterscheidbare Wohlgerüche: der Gehalt an Traubenzucker macht ihn süß, ein kleines Maß von Weinsäure und Apfelsäure und oft auch ein kleiner Gehalt von Kohlensäure reizt Zunge und Schlund. Unter allen diesen wandelbaren Tugenden ruht als stetige und vorherrschende Kraft der Alkohol, und seine Menge bedingt schließlich die Wirkung des Weines.

Der Wein ist der bevorzugte Genosse der Fröhlichen und der alte Freund der Dichter. Horaz schon sagte:

„Kein Lied wird lange Zeit gesungen,
Das ein Wassertrinker schrieb.“

Das Lob des Weines vernehmen wir immer von den Poeten, sehr selten aber von den Männern der Wissenschaft. Der Alkohol erregt die Phantasie und den Willen, anfänglich auch die Urteilskraft, jedoch diese nicht lange, sie wird bald überstimmt, ihre Wenn und Aber verstummen, Rücksichten werden beiseite geschoben und Schranken überschritten; der beredte Zecher verbindet seine Ideen gewandter und zeigt deren mehr als sonst, ohne daß er in der Tat mehr hätte, und manches Verborgene wird offenbar. Und dennoch führt diese „Wahrheit im Wein" zu vielen unrichtigen Urteilen. Wer einen Tiger im Hause hat, ihn aber gewissenhaft im Käfig hält, höchstens beim Glase Wein einmal zeigt, der ist nicht zu tadeln und wird erst strafbar, wenn er das Tier losläßt. Zwischen der Stimmung und der Tat steht die Moral. Der Wein kann die natürliche Anlage offenbaren, aber nicht den sittlichen Gehalt. Hippel sagt: „Jeder kluge Mann spricht, wenn er ein Glas getrunken, und jeder Narr verstummt oder spricht Unausstehliches." Im Wein liegt Wahrheit, aber nicht „die Wahrheit." Der Wein erfreut nur dann das Herz des Menschen, wenn dieser einen Keim der Freude, einen guten Gedanken oder Gesellschafter findet; der Wein steigert überhaupt nur die herrschende Stimmung; man kann sich fröhlich, aber auch traurig und zornig trinken.

In den Wirtshäusern geht viel Geld und Gesundheit, aber noch weit mehr Zeit und Familienleben verloren. Nimm dem Volke die Hälfte seiner Wirtshäuser und du kannst die Hälfte seiner Irrenhäuser und Spitäler, ja drei Viertel seiner Gefängnisse schließen!

Die fürchterlichsten Sünder sind auch hier die anständigsten; niemals voll getrunken, aber täglich angetrunken, sind sie wie Dampfkessel, die man auf alle ihre Atmosphären geheizt hat, zitternd unter der Spannung und jeden Augenblick des Anstoßes gewärtig, der die Explosion veranlaßt.

Gott Bacchus zerstampft den Garten des Gemütes und taumelt gelegentlich ins Zuchthaus; Frau Venus dagegen verhängt die Fenster des Verstandes und weiß einen nahen Fußweg ins Spital; beide haben am Ufer des Styx einen ruhigen Landsitz, wohin sie ihre Verehrer fleißig einladen.

„Er ist tief und stille — Und schauerlich sein Rand — Und deckt mit schwarzer Hülle — Ein unbekanntes Land", singt Salis.

Der zarten sanguinischen Kindheit und der brausenden tatendurstigen Jugend bekommt der Wein übel und schwächt die Konstitution durch Überreizung. „Es ist ein Krebsschaden unserer Zeit, daß man Kindern Wein und Bier bei Tische verabreicht", sagt Nothnagel unter dem Beifall des deutschen ärztlichen Kongresses. Tausend andere Ärzte stimmen ihm bei.

Bier.

Wie der Wein, so hat auch das Bier seine diätetische und historische Berechtigung. Schon die alten Ägypter, Griechen und Römer kannten es, aber gebrauchten es wenig; dagegen ist es das sprichwörtliche und klassische Getränk unserer germanischen Altvorderen. Es wirkt zunächst durch seinen Alkohol, dann kommen die Salze in Betracht, wie beim Wein; eigentümlich aber ist hier der Gehalt an Hopfenbitter, das die Magenverdauung angenehm anregt, der Zucker und das Dextrin, welches die Mischung „nahrhaft" erscheinen läßt, immerhin nur insoweit, daß, nach Liebigs bekanntem Ausspruche, ein kleines Schnittchen Brot mehr Nährstoffe enthalte, als ein ganzes Maß Bier, und endlich ist des Kohlensäuregehaltes zu gedenken, der beim Bier wie bei gärendem Wein den Gaumen reizt und die Berauschung fördert. Leider enthält auch manches ganz ehrliche Bier oft noch schwebende Hefenzellen, die sich leicht vermehren und es im Fasse oder noch im Magen sauer machen und Verdauungsstörungen veranlassen oder vergrößern.

Kaffee.

Der Alkohol steht zwischen Nahrungsmittel und Gift, diesem näher; Kaffee und Tee aber sind unzweideutige, wenn auch durch Wohlgeruch und Geschmack bestens empfohlene Gifte.

Auf den Magen wirkt der Kaffee ähnlich dem Weingeiste: kleine Mengen regen die Verdauung an, größere verlangsamen und unterbrechen sie. In das Blut aufgenommen, hat der Kaffee den Stoffwechsel vor 30 Jahren verlangsamt, heutzutage beschleunigt er ihn; d. h. die Akten sind noch nicht geschlossen und jedenfalls treten bei den gewohnten und zulässigen Mengen die Wirkungen ganz zurück hinter den Wirkungen auf das Gehirn und auf die Nerven. Das Herz pulsiert rascher und stärker, bei großen Kaffeegaben schwankend; Kaffeevergiftung tötet durch Herzlähmung; die höheren Sinnesnerven werden meistens krankhaft erregt, Funkensehen und Ohrensausen treten ein. Die Träger der Geistestätigkeiten werden schon bei mittleren Kaffeegaben blutreicher und damit ihre Leistungen kräftiger und der Schlaf verscheucht. Die Tasse Kaffee nach Tische korrigiert die Gehirnschwäche, welche vom Zuströmen des Blutes nach den Eingeweiden herkommt und in der sprichwörtlichen Faulheit der Gesättigten ihren Ausdruck findet. Kaffeeübermaß verdirbt den Magen und macht den Kopf wüste, aber er raubt niemals die Besinnung; bei öfterer Wiederholung leidet die Verdauung erheblich, wird das Gehirn überreizt und der Charakter launenhaft, aber niemals entstehen die entzündlichen Reizungen und Zellgewebswucherungen, niemals Willenslähmung, Irresein oder Selbstmord, wie es beim Alkohol täglich der Fall ist.

Tee.

Der Tee ist ein geborener Chinese und naher Verwandter der Kamelien unserer Treibhäuser.

Man kann sich wie in Wein so auch in Kaffee oder Tee antrinken, aber in wie verschiedener Weise! Der Wein macht Toaste, der Kaffee Kritiken und der Tee spielt Schach.

Der Kulturmensch ist ohne diese Stoffe kaum denkbar. Des Morgens sollen sie ihn munter machen und des Abends wach erhalten, sie sollen seine Gespräche in Fluß bringen und seine Studien unterstützen, indem sie seine Erinnerungen aus den Nebeln der Vergessenheit näher rücken, die Sinnesorgane zu genauerer Wahrnehmung reizen, die Phantasie zu Verbindungen und Trennungen anregen und die Verstandesoperationen schärfen. In einzelnen großen Gaben wirken sie bekanntlich alle betäubend und auch Kaffee und Tee können im Übermaß genossen, schwere Betäubung, Zittern und langanhaltende Nervenleiden hervorrufen.

Tabak.

Der Tabak ist dasjenige Genußmittel, welches uns mitten in die Widersprüche der menschlichen Natur hineinführt: sein Geruch ist zweifelhaft, sein Geschmack entschieden schlecht und seine Wirkung auf den Körper so peinlich als möglich, bis einmal Angewöhnung eingetreten; dessen ungeachtet hat ihn der Naturmensch, auf den man sich so gerne beruft, entdeckt und eingeführt; dennoch erfreut und tröstet er die Halbbarbaren im östlichen Asien wie die Kulturvölker der ganzen Erde, Arme und Reiche; er ist bei uns ein Lebensgefährte des Menschen und begleitet ihn von der Schulbank bis zum Sorgenstuhl des Alters.

Und doch ist seine Familie übel beleumdet, Stechapfel und Tollkirsche sind seine nächsten Verwandten, und ihn selber zählt man zu den scharfen narkotischen Giften, d. h. er reizt und betäubt. Solange er so gütig ist, dieses nur im milden Grade zu tun, ist er ein anregender Gesellschafter, er treibt das Gehirn zu rascherem Denken und beruhigt es wieder, er würzt Freude und Trübsal, Studien und Gesellschaft seiner Verehrer; er zieht in Sturm und Wetter mit einer Wolkensäule und mit einer Feuersäule hart vor uns her wie vor dem Hause Israel, duftet uns ein freundliches Rauchopfer in die Nase, zaubert uns auf öder Wanderung die Heimat vor, verscheucht den Hunger, den Durst und den Schlaf; in der kalten, gefahrvollen Beiwacht erfreut er den geplagten Soldaten mit Bildern des Behagens und der Ruhe und begleitet ihn schließlich zum Siegen oder Sterben auf dem Schlachtfeld; kurz als eines der zugänglichsten, unschuldigsten und anregendsten Genußmittel, als Hungervertreiber und Gedankenbesänftiger, als Spielzeug für erwachsene Kinder und als souveräner Modeartikel ist er der Freund des Bürgers und der Segen vieler Staatskassen.

Die Tabakwirkung ist bekanntlich sehr verschieden, je nach der Angewöhnung.

Der hoffnungsvolle Raucherlehrling gerät in einen mehr lehrreichen als angenehmen Zustand: er hustet nicht, sondern wird fröhlich, dann bald duselig, dann überläuft es ihn heiß, zur Abwechslung auch kühl, besonders vom Rücken her; Hände und Füße werden unsicher, bald auch die Gedanken, ein bißchen tiefinnerliches Weh im Magen und eine Ahnung des Todes — mit sehr prosaischem Ausgang, das ist alles. Das Stück wird ausgepfiffen, aber wieder gegeben.

Alles zusammengenommen, wir müssen den Tabak als ein moralisch unanfechtbares Genußmittel betrachten. Tausende und aber Tausende haben ihre Familien auf die Gasse getrunken, keiner hat sich arm geraucht; Tausende haben ihren Verstand und ihr Pflichtgefühl im Alkohol verloren und dabei Niederlagen, Fallimente oder Verbrechen verschuldet, keiner hat das mit dem Tabak getan. Dieser vergiftet im schlimmsten Falle das Individuum, aber nicht die Familie und den Beruf; er ist keine Gefahr für die bürgerliche Gesellschaft.

Die einzige, aber absolute Großmacht unter den Genußmitteln ist der Alkohol, ein Luzifer, im Himmel geboren, in der Hölle zu Hause. Dem Priester, dem Arzte und dem Staatsmanne raunt er höhnisch ins Ohr:

„Du bist noch nicht der Mann,
Den Teufel festzuhalten!“

V. Schlaf.

Einschlafen.

„Die Zeit des Mitleids und der Güte — das ist die stille, kühle Nacht — da über der versengten Blüte — der Tau des Himmels segnend wacht.“ Der Schlaf, die Schattenseite des Lebens, ist zugleich eine Lichtseite unseres Daseins; Philosophen und Dichter wissen uns weit mehr von ihm zu melden als die Naturforscher, aber alle kommen darin überein, daß sie ihn als den großen Regulator des Lebens ansehen. Wie ein aufgezogenes Uhrwerk wirkungslos rasch abrollt und sich abnützt, wenn die in der Feder aufgespeicherte Kraft nicht durch Hemmungsapparate gleichmäßig verteilt und damit auch gespart wird, so muß der Menschenleib vorschnell zugrunde gehen, wenn in die Verbrennung durch den Sauerstoff, in den Umsatz der Gewebe, in das Spiel der Nervenströme, die aus den Ganglienzellen in die Röhren millionenfach hinüber- und herüberziehen, nicht der Schlaf verlangsamend und beruhigend eingreift.

Aber so wenig ein Pendel ohne Uhrwerk etwas leistet, so wenig taugt der Schlaf ohne die Triebfeder der Arbeit. Es gibt ein einziges Mittel, gut zu schlafen: es ist die Bewegung und die chemische Umsetzung der verschiedenen Organe und Systeme des Leibes, Muskelarbeit und Gehirnarbeit im richtigen Maße, bei genügender Nahrung und in reiner Luft.

Zu lange Ruhe schadet erfahrungsgemäß so stark, ja mehr noch als übermäßige Arbeit. Im Muskel häufen sich die Zersetzungsprodukte, die „Ermüdungsstoffe“, langsam wieder an, und es fehlt die Kraft des Blutstromes, sie auszuwaschen; allmählich geht die Muskelfaser in Fett über und verliert ihre Zusammenziehungskraft vollständig. Gleiches geschieht dem müßigen Nerv, er verfällt in reizbare Schwäche, er arbeitet träge und verfettet schließlich; auch den Nervenzellen des Gehirns droht durch absichtliche oder aufgedrungene Untätigkeit dasselbe Schicksal.

So unerbittlich die Natur in der Forderung des Schlafes ist, so nachsichtig zeigt sie sich in Ansehung der Zeit und teilweise selbst des Maßes; die Gewohnheit kann auch hier nicht selten zur anderen Natur werden. Es ist begreiflich, daß der Schlaf, welcher mit der Nacht, mit der äußeren Ruhe im Natur- und Kulturleben der Menschen zusammenfällt, leichter eintritt und wohltuender ist, als der Schlaf am Tage und das Wachen bei Nacht, abgesehen von den beruflichen und gesundheitlichen Übelständen, die mit dieser Umkehrung verbunden sind; es ist gewiß, daß es oft schadet, mit vollem Magen zu Bette zu gehen und dem Darmkanale die größte Leistung dann zuzumuten, wenn er eben am langsamsten arbeitet, und ebenso sicher ist endlich, daß „Eines sich nicht schickt für alle", daß es Leute gibt, die geistige Arbeit besser am frühen Morgen, andere, die sie besser abends vollbringen; nur für den Wanderer und Muskelarbeiter scheint es immer richtig, daß „Morgenstunde Gold im Munde" habe.

Wie wohlfeil verkauft der Mensch nicht den Schlaf, um welchen schnöden Gewinn, um welche gute und mittelmäßige Gesellschaft, um welche nötige und unnötige Literatur! Dem gelehrten Bücherwurm gibt Fonssagrives den freundlichen Rat, er möge ja rechtzeitig zu Bette gehen, denn er werde doch nicht so berühmt, daß es sich der Mühe lohnte, sich dafür zugrunde zu richten! Allen aber, die für sich, für Familien oder andere anvertraute Menschenleben zu sorgen haben, ruft der Arzt mit dem Dichter zu:

„Was sie dem Schlaf an Stunden stahlen,
Das treibt für ihn sein Bruder ein,
Das müssen sie dem Tod bezahlen,
So bleibt es bei der Sippschaft fein."

Allen gibt Hippel die eindringliche Lehre: „Wer sich mit dem Schlafe überwirft, zieht immer den kürzeren!"

VI. Kleider.

Warum bekleidet sich der Mensch?

Es gibt wohl nichts, worüber man so viel spricht und so wenig nachdenkt, wofür man so viel bezahlt und verhältnismäßig so wenig hat, wobei man so eitel auf seine freie Auswahl und so sehr Kettensklave der Gesamtheit ist, wie eben die Kleider.

Kleider bezeichnen die Leute. Die Toga des alten Römers, die wilde Tracht des wallensteinischen Reiters, die Perücken aus der unterhöhlten Zeit Ludwigs XIV., der Zylinder des ergrimmten „dritten Standes", der fortan die moderne Welt zu erobern und allen Ständen und Klassen seine Uniform anzuziehen bestimmt war: das sind alles Zufälligkeiten im Entstehen, aber gesetzmäßige Erscheinungen in ihrem Verlaufe; kurz, die Kleidermoden sind Pantomimen des Zeitgeistes.

Im hohen Norden, dessen Pioniere die Pelzjäger sind, in den gemäßigten Zonen, wo der Flachs und die Seide Träger des Kulturlebens werden, im heißen Süden, wo die Baumwolle eine nationalökonomische Macht entwickelt, wie wir keine zweite kennen, überall bilden die Bekleidungsstoffe einen Großteil des Gewichtes, welches das Uhrwerk unseres Weltverkehrs im Gange erhält: Handel, Industrie und Landbau.

Und welch großen Anteil nimmt nicht die Bekleidung am sogenannten Glücke der Individuen, nicht bloß vieler Reicher, sondern auch Armer, die oft besser täten, nahrhaftere Liebhabereien zu pflegen!

Treten wir der Sache näher. Warum bekleidet sich der Mensch? Die Frage ist nicht so einfältig, wie sie scheint. Vor allem und zuerst bekleidet er sich zum Zwecke der Symbolik, um zu zeigen, wer er ist, wie groß, wie tapfer und wie schön. Der Südseeinsulaner, der Neger von Kamerun und alle seine landeinwärts wohnenden feindlichen Brüder, sie tragen bunte Lappen, glänzende Federn und Schmuck, wenn auch sonst nichts anderes. Und bei den Hochgebildeten unseres Kontinentes hat der soldatische Federhut, der Korpswichs, die Uniform ebenso sehr den Zweck zu schmücken als zu bekleiden, ja der rein dekorative Teil des Kleides bildet eine große und anerkannte Stütze des Korpsgeistes selber.

Der zweite Grund, weshalb der Mensch sich bekleidet, ist die Sittlichkeit. Sein Kleid bezeichnet den ersten Fortschritt des Wilden, wenn er kultiviert wird, und den letzten Rückschritt des Kulturmenschen, wenn er wieder wild wird. Die paradiesische Unschuld der ersten Kindheit bekleidet sich gar nicht, die Wohlanständigkeit bekleidet sich ganz und die Unanständigkeit halb.

Der dritte Grund, sich zu kleiden, in der gemäßigten und in der kalten Zone weitaus der vorwiegendste, ist die Wärmeregulierung. Da hat das unbewußte Denken, der Instinkt von jeher Großartiges geleistet.

Um nun gerade so viel Wärme abzugeben, als zu einem behaglichen Dasein nötig wäre, müßte der unbekleidete Mensch das ganze Jahr in einer gleichmäßigen Temperatur von 27 bis 28° C leben. Damit wäre er auf sehr wenige Teile der Erde angewiesen. Da er weiterstrebt, muß er suchen, sich ein tragbares Klima, eine die Haut umgebende ruhende Luftschicht von beiläufig 27° zu schaffen. Luft ist der schlechteste Wärmeleiter und entzieht dem Leibe weniger Wärme als jeder andere uns bekannte Stoff.

Die Kleiderfrage läßt uns fühlen, wie sehr wir Glieder in der großen menschlichen Gesellschaft, und wie fest wir in dieselbe eingefügt sind. Wir sind zum Nachahmen geschaffen und zum Mitmachen gezwungen, und vieles, was uns als lose Willkür, als Mode und Zufall erscheint, ist schließlich eiserne Notwendigkeit, deren Druck wir fühlen, deren Gesetz uns aber noch so unbekannt ist wie das Entwicklungsgesetz in der Weltgeschichte.

Wir können weder Sprachen noch Kleidertrachten, nicht einmal ein einzelnes Kleidungsstück willkürlich erfinden oder abschaffen, sondern wir können nur an deren Ausbildung und Umbildung arbeiten, soweit unsere wissenschaftliche Erkenntnis reicht, und sie mit Überlegung handhaben. Darin müssen die Gebildeten mit gutem Beispiel vorangehen; das ist auch eine ihrer sozialen Aufgaben. Diese rastlose geistige Arbeit allein macht das Leben gesund und schön, Gedankenlosigkeit ist das giftige Nessos-Gewand, welches selbst den Herkules umbringt. Überlegung ist unser einziger Schutzmantel und unser Ehrenkleid.

VII. Die Wohnung.

Ein wesentliches Merkmal des Menschen gegenüber der angewachsenen Pflanze und dem geographisch eingegrenzten Tiere ist die Fähigkeit, den Kampf ums Dasein unter allen Bedingungen, die der Erdball bietet, führen zu können. Eines der mächtigsten Verteidigungsmittel des Menschen ist seine Wohnung: ein Schild gegen die Unbill des Klimas, ein Schutz für seine Arbeit, eine Grundlage seines Familienlebens, auch schon deswegen eine Bedingung des Wohlbefindens, weil er daselbst wenigstens den Dritteil seiner Zeit verbringt. Der Mensch macht die Wohnung und gibt ihr das Gepräge seines Geistes; die Wohnung aber macht auch den Menschen, beeinflußt seine Gesundheit und seine Moral, ist ein Teil seines Schicksals. Deshalb hat sich die Gesundheitspflege aller Jahrtausende, und wo sie überhaupt zur Geltung kam, ernsthaft mit der Wohnung beschäftigt, und es ist ein ehrenvoller Charakterzug unserer Zeit, daß sie auch die gesundheitliche und die soziale Bedeutung der Wohnung zu würdigen anfängt.

So wenig es die Aufgabe der Hygiene ist, zu untersuchen, auf welchem Wege ein Glücklicher, dem alles zur Verfügung steht, ein recht hohes Alter erreichen könnte, so wenig handelt es sich darum, festzustellen, wie das Ideal einer menschlichen Wohnung in verschiedenen Klimaten aussehen müsse. Die Hygiene liegt im Kampfe gegen die

Not, die nicht richtig bauen kann, gegen die Habsucht, die nicht richtig bauen will, und gegen eine Ästhetik, die ihre Bauten als Selbstzweck betrachtet und mehr mit gemalten und mit ausgehauenen Menschen rechnet als mit den lebenden — von welchen sie lebt.

Die kleinen und kleinsten Wohnungen der großen Städte sind sprichwörtlich schlecht, aber auch die kleinen Städtchen und die Dörfer weisen ebenso viele Schädlichkeiten und Ungeheuerlichkeiten auf, die sofort hervortreten, wenn man die Sterblichkeitsziffern und die Todesursachen betrachtet, welche die schönen Redensarten vom „gesunden Landleben“ so grausam widerlegen. Alles was man vorzugsweise den schlechten Wohnungsverhältnissen zuschreibt: Tuberkulose und Flecktyphus, Unterleibstyphus und ansteckende Hautkrankheiten, kommt auf dem Lande so massenhaft vor wie in den Städten, bloß verzettelt und weniger auffällig.

Kurz: der Mensch baut sich Häuser zu allen möglichen Zwecken, Gesundheit ausgenommen, und es erscheint als eine große unerhörte Neuigkeit, wenn der alte Römer Vitruvius verlangt, der Baumeister soll auch die Philosophen (Naturforscher) studiert haben und selbst der Heilkunst nicht fremd sein.

Nun aber kommt der schwierigste Punkt aller Hygiene des Wohnhauses, die Klippe, an der auch Kirche und Staat, Philosophie und Moral überall scheitern: die Tat, die Ausführung dessen, was man als recht und gut erkannt hat. Ein ideales Wohnhaus wird ungesund sein, wenn es liederlich, und ein recht mittelmäßiges kann gesund werden, wenn es weise verwaltet wird. Nicht alle Schädlichkeiten, aber doch viele kann Fleiß und Umsicht überwinden. Dem Toren und dem Trägen ist nie und nirgends zu helfen, dem Weisen aber ist zu wünschen, daß er nicht den größten Teil seiner Kräfte dazu verbrauchen müsse, Schädlichkeiten zu überwinden, die man ihm hätte abhalten können. Die Wohnungshygiene kann dazu beitragen, eine Unsumme von Widerwärtigkeiten, Krankheiten und Schaden zu verhüten. Wie sehr viele Wohnungen feucht sind nur infolge schlechten Betriebes beim Kochen und Waschen, wie viele sind ungesund nur wegen Unreinlichkeit!

Der Hygieniker vom Fach ruft uns zu: „Gebt dem Volke reine Wohnungen, gewöhnt es an solche, und die ganze Gesellschaft wird in wirtschaftlicher, politischer, besonders aber in sanitärer Hinsicht ungeheure Fortschritte machen."

Der französische Nationalökonom Blanqui erklärt uns, „daß er sich in seinem siebenzigjährigen Leben von Jugend auf mit den Verhältnissen und Interessen der arbeitenden Klasse beschäftigt und nichts gefunden habe, was in moralischer und physischer Beziehung für die Gesundheit und das Wohlergehen des Volkes der Wohnungsfrage gleichkomme!"

Wenn die Geschichte der Menschheit nicht nach einem providentiellen Plane baute, so müßten wir sagen: sie baut liederlich, sie vollendet und vergoldet die Giebel und sorgt erst später für die sozialen Fundamente. So steht es auch mit der Wohnungsfrage. Billroth sagte angesichts der monumentalen Ringstraße seinen Wienern — sowie einigen anderen: „Die Kunst der Architektur hat schon so großartige Erfolge erzielt, daß sie keinen Schaden leiden würde, wenn sie auf ihrem Triumphzuge auch die Wissenschaft und die Humanität eine Strecke weit mitnähme."

B. Gesundes Leben.

VIII. Kinder.

An der Wiege wie in stiller, sternenheller Nacht empfangen wir den unmittelbaren Gruß des Ewigen; sein Widerschein ruht auf dem Kindesantlitz und macht es uns ehrwürdig. Auch der Roheste wird andächtig, wenn er sein neugeborenes Kind begrüßt. Das Gefühl, mit dem der Mensch auf dieser Welt empfangen wird, ist mit wenigen Ausnahmen überall dasselbe und überall vergänglich. Der Gedanke, ausgeprägt in der Lebensstellung der Eltern, in ihrem Reden und Tun, bemächtigt sich des zarten Ankömmlings und macht aus ihm, was er kann: hier ein blühendes Geschöpf, dort eine Jammergestalt.

Versuchen wir es, die ersten Lebensschicksale des Kulturmenschen zu betrachten, des Menschen nämlich, von dem wir überhaupt sprechen, der in gewöhnlicher Temperatur und unter gewöhnlichen Luftdrucke lebt, der nicht so hoch geboren ist, daß wir ihn zu den Göttern zählen, und nicht so tief, daß wir ihn beim verkommensten Proletariat suchen müssen, wo Politik, Moral und Diätetik aufhören; des Menschen von kaukasischer Rasse und von vernünftigen Eltern, die ihre Kinder nicht zu Experimenten und Geniestreichen geboren erachten, sondern sich in herkömmlicher Weise um die Erhaltung ihres Stammes bemühen.

Das Kind ist abgebunden und in lauem Wasser gebadet, nach Vermögen angekleidet und warm gelagert. Die Natur macht ihre Rechte geltend und läßt sanften Schlaf nach der Aufregung folgen. Es ist wesentlich, diese Sabbatsruhe nach vollbrachtem Schöpfungswerke nicht zu stören. Das Kindbettchen sei weich und warm wie ein Finkennest, die Umhüllung des Neugeborenen locker, um der sich entwickelnden Brust Spielraum zu gewähren, und vor allem bleiben die Ärmchen frei, denn sie sind Hilfsorgane der Lungen, und bei herabgelegten Armen ist eine kräftige Atmung fast nicht in Gang zu bringen.

So schädlich grelle Lichter sind, so unpassend ist die oft beliebte Finsternis der Wochenstube, weil sie Luftverderbnis unausweichlich herbeiführt.

Es ist eine der schwersten, aber lohnendsten Aufgaben des Arztes sich der kleinen Kinder anzunehmen. Man behandelt Neugeborene allzuoft wie ein Knabe seine neue Taschenuhr; er stochert mit der Gabel drin herum und wundert sich dann noch, warum sie nicht gehe. Tausende opfern leichter ein heißgeliebtes Kind als eine Grille.

Wenn man bedenkt, was alles auf ein so junges Leben hereinstürmt, sobald es sich auf die Welt herausgewagt hat: ein Abführsäftchen in den zarten Leib, Brei, Luller, Zucker, Tee aller Art, Schaukeln bis zur gelinden Betäubung, Mohntee zum Schlafen und Dummwerden und beinahe zum Nichtwiedererwachen, abscheuliche dumpfe Luft mit oder ohne Kölnisch Wasser, dazu grelle Licht- und Temperatursprünge: so muß man sich wahrlich wundern, daß noch so viele Kinder davon kommen, als wirklich der Fall ist.

Oder sind dann diese übriggebliebenen „bewährt“ und desto gesunder? Ein kostbares Pferd ist für immer ruiniert, wenn es in der ersten Jugend unpassend gefüttert worden, sagt der kundige Landwirt, und die ärztliche Erfahrung sagt, daß, was am Menschen im ersten Jahre nach Leib und Seele versäumt und gesündigt wird, lange nicht oder nie mehr gut zu machen ist. Jede Rettungsherberge und Waisenanstalt liefert die Belege hierfür. Die grauen schlottrigen Gestalten der Bettlerkinder sind Regel, und ein fröhlich oder rot dreinschauender Murillo ist Ausnahme.

Saugflasche.

So alt als die Wiege ist auch die Saugflasche, und wie die Milchmischungen weit hinter der Muttermilch zurückbleiben, so erreicht dieser Behelf niemals die Vollkommenheit der lebenswarmen Mutterbrust. Bald fließt zu viel aus und das Kind verschluckt sich, bald zu wenig und es gehen zahlreiche Luftblasen mit dem Getränke, um nachher ernsthafte Verdauungsbeschwerden einzuleiten. Der Gummizapfen ist sehr selten auch inwendig so rein, als er dafür ausgegeben wird. Ganz schlecht ist die weitverbreitete Patentsaugflasche, welche die arme Frau ihrem Kinde ins Bettchen gibt, mit hinabreichender Glasröhre, langem Gummischlauch und richtigem Mundstück. Allseitige genaue Reinigung, die keine Hefepilze und keine faulenden Käsereste mehr sitzen ließe, ist schwer, fast unmöglich, das lange Herumliegen, Säuerlich- und Kaltwerden der Milch kaum zu vermeiden, und ein höchst ungeordnetes Trinken wird zur Regel. Alles hat seine Zeit, schon in den Windeln, Schlafen und Trinken; beides durcheinander taugt nicht und führt zur Krankheit. Die Mutter, die ihr Kind auffüttert, darf sich so wenig stellvertreten lassen als die, welche stillt; nur die stete, persönliche Aufmerksamkeit macht die Saugflasche unschädlich.

Reinlichkeit.

Die Mutterliebe ist die selbstverständlichste und zugleich die höchste Leistung, deren der Mensch überhaupt fähig ist: Aufopferung bis zum Tode und dabei ein unbewußtes und unzerstörbares Ideal vom Glücke des Kindes. Sogar schön ist dein Kind! Gestehe es unbefangen, ehrwürdige Tochter Evas und laß es dir angelegen sein, es schön zu erhalten! Schön ist, wer gesund ist; Reinlichkeit und Reinheit macht schön und gesund zugleich.

Über Reinhaltung der Luft fängt die Welt an, zu glauben und zu lernen, über Reinhaltung des Leibes hat sie sich längst schon Rechenschaft gegeben, und wer Gesundheit lehren möchte, kann hier an Bekanntes anknüpfen.

Das Menschenkind ist nicht nur eines der hilflosesten, sondern auch eines der unreinlichsten Geschöpfe, schont sein Nestchen gar nicht und wälzt sich lächelnd in seinem Unrate. Die Reinlichkeit ist gleich der Sprache, nur in der Anlage vorhanden und muß durch Erziehung entwickelt werden.

Ein mäßig warmes Bad, 35° C, wie wir es dem Neugeborenen bieten, wird bloß reinigend wirken und durch die unvermeidliche Abkühlung beim Trocknen die Nerven mäßig anregen.

Ein heißes Bad, Körpertemperatur und mehr, also 37 bis 38° C, reizt, zumal, wenn es oft wiederholt wird, die Haut, veranlaßt Drüsenentzündungen und Ausschlagskrankheiten, erschlafft die Nerven und setzt die Widerstandsfähigkeit des Körpers bedeutend herab, so daß solche Heißgebadete sich leicht Erkältungen mit allen ihren Folgen zuziehen.

Laue Bäder von 30 bis 34° C lösen noch ganz auf, reinigen, erregen Gefäße und Nerven in einer nicht krankhaften Weise und erzeugen ein Gefühl des Wohlbehagens. Je kühler oder je heißer das Bad, um so kürzer muß es sein.

Kinder badet man, solange sie bequem ins Wasser zu setzen sind, täglich, kurz, 4—5 Minuten und trachtet, bis sie etwa $^1/_2$ Jahr alt sind, auf 31—32° C (= 25° R) herabzukommen. Es ist wesentlich, die Ausgleichung (Reaktion) nach dem Bade wohl zu besorgen, gut abzutrocknen und dann dem Kinde behagliche Wärme im Kleide oder Bettchen, ebenso auch seine Milch zukommen zu lassen. Größere Kinder machen am besten eine mäßige Bewegung nach dem Bade oder werden zu Bette gebracht.

Wer der wohlhabenden Mutter zeigte, daß die persönliche Wartung ihres Kindes ihr edelstes Geschäft ist, und die arme Mutter lehrte, daß sie dabei am allermeisten verdient, der wäre ein großer Kinderarzt[1].

Die Impfung.

Die Schutzpockenimpfung ist hier auch noch zu besprechen und gehört zur physischen Erziehung des Kulturmenschen. Es ist ein strafbarer Mutwille, das Experiment zu machen, daß die Pocken wirklich noch nicht ausgestorben, daß sie wirklich eine schwere Krankheit seien, und daß sie in der Tat sehr oft lebenslängliches Siechtum, Blindheit und ähnliche Verlegenheiten zurücklassen, wie jede Umschau unter den Pockennarbigen zur Genüge beweist. Wir könnten an unsere Großmütter erinnern, bei denen es einst geheißen: ich habe sechs Kinder, aber die Pocken noch nicht passiert. So regelmäßig machte man sich auf Verluste gefaßt. Wir können die Augenärzte fragen; sie sagen uns, daß wir seit der allgemeinen Einführung der Schutzpockenimpfung drei bis viermal weniger

[1] Eine umfassende Aufklärungstätigkeit entfaltet auf diesem Gebiete die „Reichsanstalt zur Bekämpfung der Säuglings- und Kleinkindersterblichkeit“ in Berlin-Charlottenburg V, Frankstr. 3.

Blinde haben als ehedem. Wir können die Geschichte der Gegenwart beraten und finden, daß in dem deutschen Kriege von 1870 und 1871 die Pocken bei den Franzosen fürchterlich gehaust, bei den Deutschen aber keine erheblichen Verluste verursacht haben, ganz entsprechend der Nachlässigkeit und der Sorgfalt, womit in beiden Heeren geimpft worden war. Wir können in London wie in Paris, Berlin und Stuttgart uns umsehen und mit Händen greifen, daß die Blattern mit ihrem ganzen Gefolge, Tod, Elend und Blindheit, sich genau an die Grenze halten, welche ihnen die Impfung und Wiederimpfung gezogen.

Die Impfung mit Kuhpocken (Schutzpocken) veranlaßt bekanntlich niemals einen Ausbruch von Pocken über den ganzen Körper und läuft, wie auf die Impfstelle beschränkt, so auch milde und kurz ab; sie schützt dann, wenn sie gehaftet und wenigstens 2—4 Pusteln hervorgebracht hat, schützt also vom 7. bis 8. Tage an gerechnet, nicht früher.

Die erste Wiederimpfung, die in das 12. Jahr fällt, haftet gewöhnlich, wie auch erfahrungsgemäß die Pocken in diesem Alter leicht wieder auftreten; die späteren Wiederimpfungen haften oft gar nicht, oft nur teilweise.

Die Anwartschaft, nach sorgfältiger und erfolgreicher Impfung für ein Jahrzehnt vor schweren Pocken verschont zu sein, ist so groß als die, mit einer Postkutsche ohne Unglück ans Ziel zu gelangen. An Pocken zu sterben, ist ein unverantwortlicher Mutwille.

IX. Die Schule.

Die Schule ist der Stolz unseres Jahrhunderst, sie hat alles gutzumachen, was die Abstammung verschuldet und das Elternhaus versäumt hat. Sie muß den Körper gesund und gewandt, den Geist reich, edel und lebendig machen; alles Wissen, das uns schön und nützlich erscheint, soll sie vermitteln und geben; ausgedehnt, aber auch tief, sehr vielseitig, aber auch gründlich soll ihre Wirkung sein; alle schönen Künste soll sie beginnen, Tugend und Sitte pflanzen und bei alledem die fröhliche selige Jugendzeit in vollen Zügen genießen lassen!

Die Schule ist aber wie ein Bild des Lebens, so auch eine Lebensbedingung für den ganzen Menschen. So vieles wir an unserer Erziehungskunst auch auszusetzen haben, so augenfällig ist doch die wohltätige Wirkung eines geordneten Schulwesens, und wo immer zwei Völker auf dem Gebiete der Industrie und des Geldes, oder gar auf dem Schlachtfelde aufeinanderstoßen, weiß man zum voraus, daß der bessere Schulmeister, richtiger gesagt, der bessere Erzieher, den minderen besiegt, bei Sebastopol wie in Richmond, bei Königgrätz wie in Paris. Unsere Aufgabe ist, die richtige Grenze zu ziehen zwischen den sich vielfach widersprechenden Anforderungen der wissenschaftlichen und der körperlichen Erziehung. Der sittliche Gehalt ist immer ein Produkt der Methode und ein persönliches Verdienst des Lehrers.

Vom ärztlichen Standpunkt betrachtet, beginnt unser Schulunterricht viel zu frühe und hört zu frühe auf. Es wäre gesünder und erfolgreicher, erst mit dem achten Jahre anzufangen und bis zum Ende des sechzehnten fortzufahren.

Das Ideal des Schulhauses ist die Baracke. Säle ebener Erde, d. h. Hochparterre mit einem reinen warmen Luftraum unter dem Fußboden; Säle mit einer ganzen Fensterwand und mit Dachreitern. Was den Kranken ganz unbestritten zur Heilung hilft, das würde in noch höherem Maße den Gesunden ihr Wohlsein bewahren. Eine Fülle von Luft und von Licht, wie sie in mehrstöckigen, dichtbevölkerten Gebäuden gar nicht möglich ist.

Wenn der Verfasser dieser Blätter die Ehre hätte, Referent bei einer Volksschullehrer-Versammlung zu sein, so würde er etwa folgendes vorbringen:

„Auch ich bin ein Maler“, sagte Corregio zu Raffael. So vornehm vermag ich nun nicht aufzutreten, wenn ich als Gast bei den Pädagogen erscheine. Nur schüchtern wagt sich der Arzt in die Gesellschaft der Lehrer, denn sie bebauen das Land seiner Ideale und sind allezeit Männer, die er beneidet. Wer ein Lehrer seines Volkes, ein Erzieher zur Gesundheit und Vernunft, ein Helfer der Unwissenden und Bedrängten, ein Vorbild der Gereiften, wer jederzeit ein Ehrenmann und zugleich ein Schulmeister im strengsten Sinne des Wortes sein könnte, der wäre ein Arzt von Gottesgnaden. Der Lehrer ist ein Sämann, und der Arzt möchte es werden. Wer noch säen kann, der hofft auf eine Ernte und glaubt an eine Zukunft. Wer säen will oder muß, der weiß, daß er für sein Saatgut verantwortlich ist, und ebenso, daß vieles durch lustige Vögel durch traurige Dornen und auf dem dummen Wege der Gedankenlosigkeit verloren geht, und nur einiges Früchte trägt. Wer sät, der ist dem Himmel und dem Acker herzlich dankbar, wenn sie seine Arbeit belohnen, das heißt wohl auch: der Lehrer ist seinem Zöglinge und der Arzt seinem Kranken dankbar, wenn sie wohl gedeihen. Die Welt beschuldigt den Sämann, Lehrer oder Arzt, wenn die Saat mißrät und ist stolz auf den Jahrgang, wenn sie prachtvoll dasteht. Darum bleibt dem Sämann nichts übrig, als seine Arbeit und sein Saatgut streng zu überwachen, sein Gewissen am Wissen und sein Können an der Kunst zu schärfen, und dann — aber erst dann! — Lob oder Tadel, Erntefest oder Hagelwetter gelassen hinzunehmen. Lehrer und Ärzte sind, von allen Seiten betrachtet, Brüder und Schicksalsgenossen, und beide gehen zugrunde, wenn sie ihre Verwandtschaft verleugnen. Der eine kann ein Virtuose in der Schule, der andere kann ein Künstler am Krankenbette sein; beide aber finden gemütliche Befriedigung, Seelenruhe und bürgerliche Bedeutung erst, wenn sie Säemänner, das heißt Erzieher werden.

Wie Halm und Ähre, Stroh und Korn nur die unter den gegebenen Verhältnissen mögliche Entwicklungsform eines ursprünglichen Keimes sind, so ist auch Gesundheit und Geistesbildung des Menschen mehr als man sich gestehen mag, das Produkt der äußeren Bedingungen, unter welche diese Entwicklung gestellt wurde. Es ist für den Arzt ebenso lehrreich als herzerhebend zu sehen, wie die Pädagogik sich rastlos bemüht, die Natur der Menschenseele zu studieren und aus dieser heraus, nicht in diese hinein zu arbeiten; und für den Lehrer ist es eine Freude zu wissen, daß die Medizin sich ernsthaft mit den Lebensbedingungen seiner Zöglinge beschäftigt und es mit dem alten Wahrspruche, daß nur im gesunden Leibe eine gesunde Seele wohne, ernsthaft nehmen will. Der Lehrer hat lange warten müssen, bis man seinem Sanitätsdienste einige Beachtung schenkte und ihm nicht mehr zumutete, mit schlecht genährten und schlecht gepflegten Truppen Siege zu erringen. Die moderne Naturwissenschaft hat auch da versöhnend und hilfreich in das Leben eingegriffen und hat der vorbeugenden Medizin, der Volksgesundheitspflege, auch in der Schule eine wichtige Aufgabe zugewiesen.

Soll man Gesundheitspflege in der Schule lehren? Sie wäre doch gewiß so wichtig wie ein anderes Fach. Was hilft dem Menschen alle Bildung, wenn ihm die Gesundheit fehlt, sie zu verwerten? Das Kapital aller Kapitale ist die Gesundheit. Die Volksschule soll allerdings Gesundheitspflege lehren, aber in psychologischer Weise[1]. Es ist unpsychologisch, einem Kinde die Anatomie seiner Muttersprache als systematische Grammatik darzubieten, weil für solche Abstraktionen das Interesse fehlt. Ebenso unpsychologisch wäre es auch, Hygiene als Fach zu dozieren. „Gebt ihr ein Stück, so gebt es gleich in Stücken“, ist hier buchstäblich wahr. Es lassen sich beim Unterricht in der Sprache, der Vaterlandskunde und Geschichte, in der Naturkunde und beim Rechenunterrichte hygienische Fragen als Lehrstoff benutzen, und wenn sie von einem handgreiflichen Anlasse ausgehen, werden sie immer interessant, d. h. unterhaltend sein und verstanden werden.

[1] Hierzu sei verwiesen auf die vom „Reichsausschuß für hygienische Volksbelehrung“ Berlin NW 6 herausgegebenen Schriften, besonders: Adam-Lorentz, Gesundheitslehre in der Schule.

Warum schwitzen heute die Fenster? Woher kommt der Wasserdampf, was nützt und was schadet er? Warum sollen wir aufrecht sitzen? Ist das Turnen eine bloße Mode? Warum scheuern wir die Stube? Was schaden schmutzige Hände? Haben die gefürchteten Heldenscharen der alten Germanen und Helvetier Zichorien oder aber Hafermus, Milch und Käse gehabt? Warum freuen wir uns des neuen Schulbrunnens? Warum ist der Trinker, der dort auf der Straße taumelt, kein starker Mann? und so weiter in alle Gebiete des dem Schüler bekannten Lebens. Wer ahnungsvollen Schülerinnen Vorträge hält über die Pflege von Säuglingen, der ist selber ein pädagogisches Wickelkind.

Vor allem muß die Schule durch ihr Beispiel Volksgesundheitspflege lehren; diese ist hier weit mehr ein Fach der Erziehung als des Unterrichtes.

Anders lauten die Forderungen an den Lehrer. Wer gut lehren soll, der muß nur die Zinsen seines geistigen Besitzes verwenden, muß bedeutend mehr wissen und können, als er darzubieten verpflichtet ist. Es kommt weniger darauf an, daß an den Seminaren die Hygiene als Hauptfach gelehrt werde, als darauf, daß sie überhaupt gelehrt werde, daß dem Lehrer die Augen geöffnet werden für die elementaren Mächte, die uns erhalten oder zerstören, daß er sich so viel naturkundliches Wissen aneigne, um auch ein hygienisches Gewissen zu haben, und um nicht im sprichwörtlichen Schulstaub und inmitten blutleerer Schüler schwindsüchtig zu werden.

Die Hygiene muß von den Lehrern wenigstens praktisch verstanden und betrieben, von den Ärzten aber viel ernsthafter studiert werden als bisher, damit sie das Interesse und die Fähigkeit erwerben, nicht nur als Schulräte, sondern auch als Schulärzte Großes zu leisten.

Wir sind dazu erzogen, moralisch und ökonomisch zu denken, und müssen dazu erzogen werden, auch hygienisch zu denken: das ist alles.

X. Lebenslauf.

Berufe.

Die Gesundheitslehre der Berufsarten beschäftigt sich sonderbarerweise ganz vorzüglich mit den Schädlichkeiten derselben, die Vorteile genießen wir als Ordnung und Behaglichkeit des täglichen Lebens und in der Form von Bildung und Wohlstand. Zu allen Pforten des Lebens führt der Beruf uns auch die Krankheit und den Tod herbei, am häufigsten durch die Lungen wegen Verunreinigung der Luft, dann durch den Magen, wegen zu geringer, einseitiger oder schlechter Nahrungszufuhr; dann durch das Herz wegen übermäßiger Muskelarbeit, durch die Haut, wegen Hitze und Kälte, und durch die Nerven, wegen Überreizung und Mangel an Ruhe. Überall aber wird der Beruf beherrscht von seiner ökonomischen Einträglichkeit und von der Sittlichkeit seiner Angehörigen. Wer immer arbeitet, ohne sich satt essen und genüglich ernähren zu können, der wird bei jedem Berufe krank und in jedem Staate gefährlich; und wer den Erwerb seiner Arbeit verschleudert und verpraßt, dem wird jeder Beruf ungesund und jede Staatsform unerträglich. Auch in den Augen der Gesundheitspflege ist jedes Unrecht zugleich ein Unsinn. Wir mögen uns oft nicht in das Treiben unserer Mitbürger mischen, weil wir ihr Gegenrecht fürchten, und weil wir fürchten, bei ihnen Schäden zu entdecken, die wir nicht heilen wollen. Es ist uns bequemer, die persönliche Freiheit des einzelnen mit Ironie und höflicher Verachtung zu behandeln, anstatt mit helfender Liebe; das Ende dieser Weisheit wird aber das Ende sein, welche aller Feigheit bereitet ist, nämlich: Verwirrung, Elend und Blutvergießen.

Alle schlechtbezahlte Arbeit tötet zuletzt durch Nahrungsmangel. Schon in den Reisfeldern Italiens werden die Wohlhabenden und Gutgenährten weit seltener vom Wechselfieber ergriffen, als die armen Tagelöhner; ebenso ist es mit dem Pellagra. Auch bei jeder Cholera- und

Typhusepidemie stehen die Schlechtbezahlten im Vordertreffen und liefern das größte Todeskontingent. Sie sterben überhaupt massenhafter als die „Glücklichen", aber in anständiger Form und im Stillen, an Entkräftung; sie sind eine Zeitlang blühend, übermütig, kinderreich, dann kränklich, früh alt, mit den wohlfeilsten und schlechtesten Reizmitteln den Nahrungsausfall deckend und verschwinden bei irgendeinem Krankheitsanlasse ihre 10 bis 15 Jahre früher als wohlgenährte Leute. Es gehört zur göttlichen Weltordnung, daß sie sich zu Zeiten in sozialen Umwälzungen rächen, und gehört zur Menschennatur, daß sie es auf ungeschickte und unwürdige Weise tun.

Der Raubbau, mit welchem viele Gewerbe die Arbeitskräfte erschöpfen, würde leichter erkannt und bälder gehoben, wenn nicht ein anderer und ebenfalls großer Teil der Krankheit, des Elendes und der Lebensverkürzung eigenes Verschulden und sittliche Schwäche vieler Armer wäre und wenn nicht gerade die Unberechtigten und Unwürdigen oft den größten Lärm anhöben. Man kann nicht von der Gesundheitsschädlichkeit der Gewerbe sprechen, ohne diese soziale Seite zu berühren; alles andere ist untergeordnet. Jeder ist nach dem Maßstabe seiner Bildung und seines Wohlstandes für das gemeinsame Wohl haftbar, der Starke mehr als der Schwache, der Reiche mehr als der Arme.

War der Lehrling kräftig und blieb der Geselle nüchtern, so wird's ein Mann, im anderen Falle machen Hobel und Säge in gleicher Weise schwindsüchtig, wie einstmals Reck und Barren den Schauturner, wie heute der Alpenklub den Schwächlichen: alle Muskelarbeit, die starken Blutandrang zur Lunge macht, stärkt die gesunde und zerstört die zarte Konstitution. Die Schreiner folgen mit ihren Lungenschwindsüchtigen gleich nach den Schneidern und Schustern; was die eingeschlossene Luft und Überfüllung der Lokale nicht tut, das bewirken die Anstrengung und der Staub.

Auch die Nähmaschine ist kein „unschuldig Ding" und die Ärzte sagen ihr nach, abgesehen von den allgemeinen

Strapazen anhaltender Augen- und Händearbeit, abgesehen von der vorgebeugten Stellung und dem Stubenleben, auch noch ihrerseits die Muskelarbeit des Tretens Blutungen hervorrufe und mehre.

Derjenige Beruf gewährt das längste und beste Leben, der uns Luft und Nahrung, Arbeit und Ruhe in vollem Maße gibt und dabei eine sittliche Lebensordnung begünstigt. Es gibt allerdings kein Mittel, sondern nur eine Methode, alt zu werden, diese Methode ist aber für Millionen eine unerreichbare Kunst und das durch eigene und fremde Schuld.

Allzuoft finden wir in der Arbeit zu wenig Genuß und im Genuß zu wenig Arbeit.

Wer mit allen Muskeln gearbeitet hat, der setze sich ruhig hin und gebe mit angenehmem Lesestoff seinem Gehirn eine milde Bewegung; wer nur mit einzelnen Muskeln arbeitete, übe mit Sorgfalt die müßig gewesenen; wer mit dem Gehirn tätig war, der rege seine Muskeln auf, turne oder marschiere im Freien.

In dem Maße, als der Mensch sich über die Maschine und über das Arbeitstier erhebt, muß auch sein Ruhetag vollständiger und geistiger werden; zur Ruhe des Leibes kommt die Ruhe und Erholung der Seele, das gemütliche Behagen. Je aufreibender die Arbeit, um so unerläßlicher ist die Sonntagsruhe, sie ist im Zeitalter des Dampfes und der Elektrizität geradezu eine Lebensbedingung. Wer z. B. das rasende Treiben und Jagen in London sieht, und dann den ruhigen Sonntag, der bekommt den Eindruck, es sei gut so, um nicht wahnsinnig zu werden. Bei aller Heuchelei, die mit unterläuft, ist der englische Sabbath dennoch eine weise Einrichtung und trägt er zu der staunenswerten Leistungsfähigkeit der Nation wesentlich bei. England leistet den Beweis im großen, daß die Sonntagsruhe möglich, und daß sie nationalökonomisch nicht schädlich ist.

Grundsätzlich wird der Sonntag gerne anerkannt; tatsächlich wird er aber auf unserm Kontinente vielfach bekämpft. Unser soziales Leben ist zum Wettrennen geworden, bei dem nur ein einziger Gedanke herrscht: zuerst am Ziele zu sein.

Um das Maß der Schwierigkeiten voll zu machen, wird die Sonntagsruhe von denen, die sie gewähren, und von denen, die sie genießen sollen, häufig mißverstanden. Tausende erringen keinen freien Sonntag, dafür aber einen „blauen Montag"; Tausende seufzen unter der Last ihres Arbeitstages, gehen aber unter der Last ihres Wirtshaustages zugrunde; und für ihre Familien ist der Sonntag der Tag des Verderbens. Alle diejenigen, welche überhaupt die Welt regieren, werden schließlich bei Strafe ihres Unterganges genötigt sein, nicht nur für Sonntagsruhe, sondern auch für eine moralisch und nationalökonomisch nützliche Sonntagsruhe zu sorgen.

Alter und Tod.

Der Tod durch Altersschwäche ist ein Einschlafen im freundlichsten Sinne des Wortes. Die zunehmende Ermattung macht teilnahmslos und führt in behaglichster Weise zur Ruhe; Schmerzen und Kämpfe bleiben von dieser Schlafstätte fern. Nicht so ist es bei den meisten Menschen; sie sterben vor der Zeit, mehr oder weniger gewaltsam, unter den Qualen der Krankheit, die der kommende Tod wie seinen Schatten vor sich hersendet. Der Tod und der Mammon haben das Gemeinsame, daß sie niemand anlügt und in ihrem Angesicht jeder sich sofort gibt, wie er ist. Kinder und junge Leute sterben leichter als alte, die, gleich alten Bäumen, viele und große Wurzeln in die Welt getrieben haben und fest anhangen. Wer tüchtig gelebt und gearbeitet hat, stirbt am leichtesten; Mütter und Väter großer Familien und andere, viele unersetzliche Menschen sterben meistens mit ehrfurchtgebietender Fassung; am schwersten sterben die, welche gar nichts aus ihrem Leben gemacht haben und andern zur Last gewesen sind.

Unser persönliches Bewußtsein hat sich seit der Geburt entwickelt, ist mit uns gewachsen, mit unserer Gesundheit gestiegen und gefallen, und deshalb erlischt es im Tode. „Ebenso bewußtlos wie wir ins Leben getreten, treten wir wieder hinaus.“

Aber unser Bewußtsein und Wissen beruht schließlich doch auf dem Glauben an die objektive Wahrheit unserer Sinnesempfindungen und unserer Schlußfolgerungen.

An den Grenzen der Naturwissenschaft angelangt, überlassen wir das Wort dem Dichter: „Wer in den Armen eines Vaters einschläft, dem darf um sein Erwachen nicht bange sein.“

„Gott will uns über alle Leichen
Und alle Schrecken der Natur
Die Vaterhand herüberreichen,
Doch reicht er sie dem Glauben nur!“

XI. Öffentliche Gesundheitspflege.

„Es ist nicht gut, daß der Mensch allein sei!“ Der vereinzelte Mensch ist eigentlich noch gar kein ganzer Mensch; er ist wie eine vereinzelte Ameise oder Biene, ein hilfloses, verlorenes Geschöpf; Bedeutung und seinen vollen Wert bekommt er erst in seiner Familie und in seinem Staate. Das Individuum ist die eine Hälfte, die Gesellschaft die andere; erst beide zusammen geben den ganzen Menschen. Dieser muß nicht nur an und für sich, sondern ebenso auch für seine Mitmenschen wertvoll sein. Bloß zur Verzierung der Erde ist keiner schön genug.

So hat auch das persönliche Wohlbefinden an sich noch wenig Wert; erst wenn recht viele gesund und leistungsfähig sind, ist es eine Freude, zu leben. Darum ist auch die öffentliche Gesundheitspflege so alt wie die persönliche, und durch alle Jahrtausende der Völkergeschichte ein Maßstab der jeweiligen Kultur.

Wie die Volksschule aus sehr schwachen Anfängen entstanden ist und sich noch vor hundert Jahren mit einem ausgedienten Soldaten oder einem alten Hausknechte als Lehrer begnügen mußte, so entwickelt sich jetzt die Volksgesundheitspflege aus bescheidenen, oft belächelten Anfängen; aber auch sie entwickelt sich, denn sie ist eine Forderung des Verstandes und des Herzens zugleich[1]. Das Kapital aller Kapitale ist die Gesundheit, die Leistungsfähigkeit eines Volkes. Die staatenbildende und staatenerhaltende Kraft des Menschen ist das Wohlwollen; wo dieses aufhört, beginnt der Bürgerkrieg. Es ist kurzsichtig, die gewaltigen Hilfsmittel der modernen Naturwissenschaft nur den Starken, sogar den Fälschern und den Gaunern, zur Verfügung zu stellen, und die Schwachen zur Verzweiflung zu treiben, denn diese sind schließlich die Mehrheit. Es können wohl noch einige Jahre vergehen, bis unsere vielgestaltige Staatsweisheit die Armut und das Elend aus der Welt geschafft und die Menschen zu Engeln umgewandelt haben wird; unterdessen dürfen wir nicht müßig zusehen. „Das Mögliche muß der Entschluß — beherzt sogleich am Schopfe fassen." Bessere gesundheitliche Lebensbedingungen sind für Millionen unserer Mitmenschen erreichbar, ohne Bellamys Kinderbewahranstalt, ohne verwüstende Umwälzungen, ohne Kriege und Verbrechen; aber wir dürfen weder zu träge noch zu eitel sein, bescheiden anzufangen und geduldig fortzuschreiten.

Wir müssen dazu kommen, daß jede Gemeinde, so gut wie sie ihre Kirche, ihre Schulen, ihr Armen- und ihr Waisenhaus, ihr Amtshaus und ihr Gefängnis, ihre Feuerwehr und ihre Vereine hat, ebenso auch ihr zeitgemäß eingerichtetes und betriebenes Krankenasyl, ihre obligatorische Krankenkasse und ihre mit Einsicht und mit Vollmacht arbeitende Gesundheitsbehörde besitze. Wir müssen von der Volksschule bis zur Universität dazu erzogen werden, unsere Lebensbedingungen wahrzunehmen und mit

[1] Die Förderung volkshygienischer Bestrebungen hat sich der „Reichsausschuß für hygienische Volksbelehrung" Berlin NW 6 zur Aufgabe gestellt, der über einschlägige Fragen Auskunft erteilt.

denselben zu haushalten. Für den Unwissenden ist das Leben ein Lotterielos, Treffer oder Niete, für den Gebildeten unserer Zeit aber eine Ernte, die zwar sehr von Sonnenschein und Regen, aber ebenso auch von der Tüchtigkeit der Menschen abhängt.

Das Programm der Volksgesundheitspflege liegt in dem bekannten Worte Edmund Parkes': „Ein richtiges System der Hygiene erfordert die Kenntnisse des Arztes, des Schulmeisters und des Priesters; es muß den Leib, den Geist und das sittliche Gefühl des Menschen zu einer einheitlichen und kräftigen Leistung erziehen."

C. Krankes Leben.

XII. Volkskrankheiten.

Völker korrigieren ihre Rechnungsfehler auf Schlachtfeldern, Individuen auf dem Krankenbette. Der ideale Staat lebt im ewigen Frieden, und der ideelle Mensch stirbt nur an Altersschwäche. So wie die Sachen aber seit einiger Zeit stehen und voraussichtlich noch länger gehen werden, heißt: „Mensch sein, ein Kämpfer sein." Von allen Seiten ist er bedroht, nicht zum mindesten von sich selber. Die Krankheit ist ein Kampf ums Leben. Hier ist sie angeboren, dort hat sie der Mensch durch seine Lebenshaltung selber erworben, dort stürzt sie von außen her auf ihn los, und überall fordert sie seinen Scharfsinn und seinen sittlichen Wert heraus. Keinen läßt die Krankheit kühl. Der Egoist fühlt Erbarmen wenigstens mit sich selber, der Menschenfreund auch mit den andern.

Wir sprechen hier nicht von der ungeheuren Zahl der durch mechanische und chemische Wirkung entstandenen Krankheiten, von den Wunden und Verstümmelungen, welche der Krieg und die Industrie mit sich bringt, sie gehören der Chirurgie und dem Rettungswesen an. Ebenso sprechen wir nicht von den zahllosen Leiden, die durch Wärme und Kälte, Nässe und Trockenheit, durch Wohnung und Beruf, durch Arbeit und Müßiggang, durch Hunger und durch Schwelgerei entstehen, und den größten Teil der gewöhnlichen ärztlichen Tätigkeit ausfüllen. Es gibt aber auch eine dritte Klasse, die Volkskrankheiten im engeren Sinne. Wir nennen sie so, weil sie massenhaft auftreten, die einen stetig, die anderen stoßweise; aber alle mit großem Einfluß auf die jährliche Todesziffer eines Landes. Sie sind nicht zunächst an die unrichtige Lebensführung gebunden, und nicht von innen herausgekommen, sondern fallen den Menschen von außen an, dringen in ihn ein, und entwickeln sich da mit großer Selbständigkeit. Der Dämon der Alten ist wieder erstanden, aber nicht als Hypothese, sondern als ein organisches Wesen, als Bazillus, der sich auf dem Nährboden des Menschenleibes in kürzester Zeit millionenfach vermehrt und diesen zerstört: mechanisch, oder aber durch tiefgehende Veränderung des gesamten Stoffwechsels, oder auch durch Gifte, die wir als das Produkt der Bazillen betrachten müssen. So z. B. liefert der Cholerabazillus in verhältnismäßig großer Menge ein heftiges Gift, das unter choleraartigen Erscheinungen tötet.

Die Ansteckung.

Man kann sich die Bedingungen der Ansteckung sehr leicht klarmachen, wenn man den Bazillus mit einem Feuerfunken vergleicht. Das Feuer steckt an, aber nur einen brennbaren Körper. Dieser kann sehr brennbar sein: ein Holzhaus mit Schindeldach; aber es liegt Schnee darauf, oder es regnet, und der Funke erlischt. Das Haus kann durch Sonnenglut ausgetrocknet sein; aber anstatt des sanften Windzuges, der das Feuer anfachte, weht ein Sturm, der den Funken auslöscht. Kurz, es müssen auch bei der größten Brennbarkeit die günstigen Momente zusammentreffen, wenn es wirklich brennen soll. Und auch unter den allergünstigsten Umständen bleibt die Wirkung des Funkens zuweilen aus. Als 1838 das große Dorf Heiden abbrannte, stand mitten unter den Ruinen ein hölzernes

Haus, ganz wohlerhalten und als vollgültiger Beweis, daß das Feuer nicht ansteckt, und daß das Holz, selbst in einer glutheißen Luft, nicht brennt. Solche Ausnahmen kommen auch bei Epidemien vor, und werden dann Veranlassung zu den konfusesten Streitigkeiten. Die Gegner aller Schutzmaßregeln rechnen vorzugsweise mit den Ausnahmen, und finden großen Anhang, weil die Mehrzahl der Menschen nur mit Qualitäten, die kleinere Minderheit aber auch mit Quantitäten zu rechnen versteht.

Schon der 1723 verstorbene holländische Naturforscher Leeuwenhoek, der Entdecker der Infusorien, hat gelehrt: „daß die Ursache der Infektionskrankheiten in kleinsten Organismen zu suchen sei, die in den Körper des Menschen eindringen, sich da vermehren, von da aus verbreiten und dadurch eine ihrer Natur entsprechende bestimmte Krankheit hervorrufen.“

Auf Grund genauer mikroskopischer Diagnose, Züchtung und großenteils von absichtlichen Impfversuchen bei Tieren — auch von sehr unabsichtlichen bei Menschen — gelten heutzutage folgende Krankheiten des Menschen als durch Mikroorganismen hervorgebrachte: Durch Mikrokokken, runde Spaltpilze: die Eiterung, die Pyämie (Wundfieber und Blutvergiftung geheißen), das Wochenbettfieber, die Rose, Gelenkentzündung, und eine Form der Herzentzündung, die epidemische Gehirnentzündung und die Lungenentzündung, ebenso Gonorrhöe. Sehr wahrscheinlich gehören auch hierher: das gelbe Fieber und der Keuchhusten.

Durch Bazillen, stäbchenförmige Spaltpilze, entstehen: Starrkrampf, Diphtherie, Milzbrand, Rotz, Typhus, Tuberkulose, Rückfalltyphus, Cholera, Aussatz und Influenza.

Einer anderen Gruppe von ansteckenden Krankheiten liegen keine Spaltpilze, sondern kleinste Lebewesen zugrunde, die dem Tierreiche angehören und vorzugsweise als Parasiten der Blutkörperchen erscheinen: Protozoen, Amöben, Plasmodien. Für die tropische Ruhr und für das

Wechselfieber (Malaria) ist das jetzt unzweifelhaft festgestellt[1].

Zu Ende des Jahres 1890 wurde der leidenschaftlich erregten Welt das große Ereignis verkündet, daß es Robert Koch gelungen sei, den von ihm entdeckten Tuberkelbazillus in allen Tiefen des lebendigen Körpers aufzuspüren, ihm die Lebensbedingungen abzuschneiden, und damit die verheerendste aller Krankheiten mit Erfolg zu bekämpfen[2].

Die Infektionskrankheiten entwickeln keimfähige Mikrokokken, Bazillen oder Plasmodien im Leibe des Patienten und geben diese auf verschiedenen Wegen ab: Der Kranke steckt unmittelbar an, wo er auch hinkommt und verbreitet die Krankheit, am leichtesten auf die nächste Umgebung.

Zu diesen kontagiösen Krankheiten gehören vor allem die Blattern, Scharlach und Diphtherie, die Rose, die Pest, Flecktyphus, Lues, und auch die Tuberkulose. Der Tuberkelbazillus bleibt im trockenen Zustand jahrelang lebensfähig, aber vermehrt sich außerhalb des Kranken nicht.

Eine Gruppe dieser Krankheiten bezieht ihre Bazillen ursprünglich aus dem Boden, entwickelt im Kranken lebensfähige Keime, die aber nicht immer unmittelbar in einen anderen Menschen übergehen, sondern meistens auf einem Umwege durch den Boden, oder durch Gebrauchsgegenstände. Dieses Verhalten kommt auch bei vielen Eingeweidewürmern vor, die einen Teil ihrer Entwicklung in einer anderen Tierspezies durchmachen, als in derjenigen, die sie endgültig bewohnen.

Die Geschichte der alten Volkskrankheiten enthüllt uns grauenvolle Tatsachen, gibt uns aber unverhältnismäßig wenig nutzbare Aufschlüsse. Die Pest des Thukidides

---

[1] Bei einer Anzahl von Erkrankungen, z. B. bei Pocken, Masern, Scharlach, Fleckfieber, Tollwut ist der Nachweis der Erreger bisher noch nicht geglückt.

[2] Erfolgreich wirkt auf diesem Gebiete das „Deutsche Zentralkomitee zur Bekämpfung der Tuberkulose“ Berlin W 9.

beschleunigte den Untergang des alten Griechenlandes, die Antoninische, die Cyprianische und die Justinianische Pest den Verfall des römischen Weltreiches. Der Aussatz, ganz besonders aber der schwarze Tod, hat im Mittelalter, und die Blattern haben noch bis ins vorige Jahrhundert ganze Länder entvölkert, geistig und leiblich verwüstet. Unsere Zeit hat mit anderen Volkskrankheiten zu kämpfen, mit stetigen: Tuberkulose, Unterleibstyphus, Diphtherie, Scharlach, Masern usw.; ferner mit stoßweise auftretenden: Blattern, Gelbfieber, Flecktyphus, und am alleraugenfälligsten mit der Cholera.

Anhang.

Deutsche Volksgesundheitspflege.

Über diese Frage schrieb Dr. L. Sonderegger ein besonderes Kapitel. Inwieweit sich seine Ansichten verwirklicht haben, und wie er mit seinen Ideen der Zeit vorauseilte, das mögen die nachfolgenden Ausführungen zeigen:

Sonderegger schrieb: „Es ist bezeichnend für Deutschland, daß es seine Volksgesundheitspflege von der rein wissenschaftlichen Seite anfaßte und zuerst sein Reichsgesundheitsamt gründet. Bismarck hat dieses verlangt und im Oktober 1875 geschaffen."

Das Reichsgesundheitsamt, das im Jahre 1876 gegründet wurde, konnte im Jahre 1926 auf sein 50jähriges Bestehen zurückblicken. Die erste Glanzzeit des Amtes begann mit dem Wirken von Robert Koch. Er trat Juni 1880 ein und schied 1885 aus. Diese Periode war für das Gesundheitsamt bedeutungsvoll. Damals erhoben sich die Augen der ganzen Welt auf diese Stelle. Das Gesundheitsamt war zur Lehrstätte geworden, wo man allein die neuen bakteriologischen Untersuchungsmethoden erlernen konnte. Gelehrte aus allen Ländern begaben sich dorthin, die Cholera-Kurse des Jahres 1884—85 kamen zahlreichen Ärzten zugute. Es wird stets ein geschichtliches Verdienst der deutschen Gesundheitsbehörde bleiben, die genialen Forschungen des damaligen Kreisarztes von Wollstein erkannt und ihm in dem neueingerichteten Laboratorium des Gesundheitsamtes die für ihn notwendige Arbeitsstätte geschaffen zu haben. Seine und die Arbeiten seiner Schüler haben dazu beigetragen, der deutschen Medizin Weltgeltung zu erobern. Die Forschungen über den Tuberkelbazillus, über den Cholera-Diphtherie-, Typhus- und Rotzbazillus, die Abhandlung über Desinfektion und Wundbehandlung gingen aus dem Reichsgesundheitsamt hervor. Aber auch später hat das Amt hervorragende Leistungen geschaffen. Auf den verschiedensten Gebieten der ärztlichen Wissenschaft, unter denen vor allem die Entdeckung der Syphilisspirochäte durch Schaudinn zu nennen ist. Die Hauptfragen, welche die Arbeit des Gesundheitsamtes seit seiner Gründung in Anspruch nahmen, bezogen sich auf den Ausbau der Städtehygiene, speziell der Wasser- und Abwässerfragen, auf die Bekämpfung der Infektionskrankheiten, die Reinhaltung der Flüsse und die Nahrungsmittelhygiene. Auf diesem Gebiete hat es wichtige Leistungen für das Wohlergehen unserer Bevölkerung gebracht. Eine wichtige Untersuchung reiht sich an die andere und führt zu bedeutungsvollen Ergebnissen für die praktische Bekämpfung der Nahrungsmittelfälschung, die von Jahr zu Jahr neue Wege suchte, um den Gesetzen auszuweichen. Bei dem Neuaufstreben der Städte wurde das Gesundheitsamt mit den Fragen der Kanalisation und der Flußverunreinigung beschäftigt. Die Entwicklung der Industrie stellte immer wieder neue Probleme. In wichtigen Fällen wurden auch zur Belehrung weiterer Kreise Merkblätter und Schriften herausgegeben, um auf diesem Wege einen hygienischen Einfluß zu gewinnen.

Eine rationelle Leitung des Gesundheitswesens kann aber nur durchgeführt werden, wenn eine genaue, rasch arbeitende Berichterstattung über die sanitären Verhältnisse vorhanden ist und die statistischen Grundlagen, aus denen der Gesundheits- und Krankheitszustand der Bevölkerung zu ersehen ist, vorliegen. In dieser Hinsicht hat die statistische Abteilung des Gesundheitsamtes unsere Kenntnisse in ausgezeichneter Weise vermehrt und damit eine sichere Grundlage für die Maßnahmen und Probleme der Gesundheitspolitik geschaffen. Über die Bedeutung dieses Arbeitszweiges äußerte schon Sonderegger zutreffenderweise: „Die Arbeit beginnt immer mit der Volksstatistik. Die Buchhaltung über Geburten und Todesfälle, über die einzelnen Todesursachen, über die Wirkungen, welche der Zivilsenat, der Beruf und die ganze Lebenshaltung auf die Gesundheit und die Leistungsfähigkeit der Völker ausübe, über den Gang der Epidemien und der, im Durchschnitt sehr viel wichtigeren stationären Seuchen und ansteckenden Krankheiten, kurz die Demographie ist das Studium des Volkslebens, wie die Nationalökonomie das Studium des Wohlstandes. Wer nicht buchführt, geht bankerott, und es ist hohe Wahrscheinlichkeit vorhanden, daß sehr viele Mißstände und Notlagen des Volkslebens bei besserer Buchführung vermieden werden können.“

So sind durch die Tätigkeit des Reichsgesundheitsamtes die Lebensbedingungen unseres Volkes im Laufe der Jahrzehnte wesentlich bessere geworden. Der junge Nachwuchs tritt ins Leben unter verbesserten und wesentlich günstigeren Bedingungen. Es entwickelte sich die Schulhygiene unter Mitwirkung der Ärzte und erfahrener Pädagogen. Die Aufzeichnungen über die natürliche Bewegung der Bevölkerung führten zu Einrichtungen für die Säuglingsbekämpfung, zur Verbesserung der Krankenhaushygiene und zum Ausbau der gesundheitlichen Wohlfahrtspflege. Zur Unterstützung der Aufgaben ist im Jahre 1900 der Reichsgesundheitsrat geschaffen worden. Er hat das Reichsgesundheitsamt bei der Erfüllung seiner

Aufgaben zu unterstützen und besteht aus 143 Mitgliedern, die aus dem Kreise hervorragender Männer der Wissenschaft und Praxis auf gesundheitlichem und veterinärem Gebiete gewählt wurden.

Die fühlbaren Auswirkungen des Amtes bestehen in der Abfassung der Reichsgesetze und Verordnungen, welche die öffentliche Gesundheit fördern und sichern wollen. So hat das Reichsgesundheitsamt, wie es Sonderegger voraussah, in den ersten 50 Jahren seines Bestehens eine „große kulturgeschichtliche Mission" erfüllt.

„Der Staat, der allen Bürgern ihre Rechte und Pflichten, wie den Kindern ihr Brot zumißt, der den Geldwert feststellt und den Verkehr der Briefe, Waren und Menschen in seine Hand genommen hat, der Kirchen, Schulen und Industrien überwacht und regiert, auch in Hunderten von Gesetzen die Verhältnisse seiner Angehörigen zueinander von der Geburt bis zu ihrem Tode, ja durch Erbgesetze bis über den Tod hinaus, ordnet, dieser Staat hat auch das Recht und die Pflicht, in die Beziehungen des Ökonomischschwachen zum Ökonomischstarken ordnend einzugreifen." Auf diesem Gebiete ergeben sich für das Reichsarbeitsministerium wichtige Betätigungsmöglichkeiten für gesundheitliche Maßnahmen. Der Staat nimmt sich der arbeitenden Bevölkerung an in der Sozialversicherung. Die Reichsversicherung sichert den Arbeitern und Angestellten Hilfe bei Erkrankungen, für den Fall der Mutterschaft, bei Betriebsunfällen, bei Invalidität und Berufsunfähigkeit, im Alter und für den Fall des Todes.

„Wie die Volksschule aus sehr schwachen Anfängen entstanden ist und sich noch vor 100 Jahren mit einem ausgedienten Soldaten oder einem alten Hausknecht als Lehrer begnügen mußte, so entwickelt sich jetzt die Volksgesundheitspflege aus bescheidenen, oft belächelten Anfängen; aber auch sie entwickelt sich, denn sie ist eine Forderung des Verstandes und des Herzens zugleich. Das Kapital aller Kapitale ist die Gesundheit, die Leistungsfähigkeit eines Volkes.“ Es ist erfreulich zu sehen, wie sich die Herrschaft des hygienischen Gedankens allmählich immer weiter durchsetzt. Auf diesem Gebiete arbeitet besonders der Reichsausschuß für hygienische Volksbelehrung, Berlin NW 6, Luisenplatz 2—4. Er sieht als seine wesentliche Aufgabe an, die Schaffung einer öffentlichen Meinung auf dem Gebiete der Gesundheitspflege. Er will den Bestrebungen der Behörden auf diesen Gebieten einen Rückhalt geben. Es soll die Bevölkerung an ein Verantwortungsgefühl gewöhnt werden, was der Einzelne in gesundheitlicher Beziehung tun und lassen muß. Sie soll vom Wissen zum Gewissen, vom Verständnis zum Verantwortungsgefühl geführt werden. Als eine wesentliche Aufgabe der hygienischen Volksbelehrung erscheint die Beeinflussung der Schule in ihrem Sinne. Wichtige Hilfsmaßnahmen sind die Presse und in neuerer Zeit auch das Radio. So wie heute schon die Deutsche Welle, sollte eine jede Sendegesellschaft regelmäßig einmal wöchentlich eine Belehrung über gesundheitliche Fragen in ihr Programm aufnehmen. Besonders wichtig ist die Erfassung des Publikums für gesundheitliche Fragen in den Kinotheatern, besonders deshalb, weil gerade das Kino von solchen Volkskreisen aufgesucht wird, die den gesundheitlichen Fragen bisher wenig oder gar kein Interesse entgegenbringen. Zur allgemeinen Ausbreitung der Gedanken und zur Schaffung von Arbeitsgemeinschaften wurde im Jahre 1926 die erste Reichsgesundheitswoche veranstaltet. Ihr folgte im Jahre 1927 ein Gesundheitsfeldzug auf dem Lande. Die hygienische Kleinarbeit wird in über 3000 Arbeitsgemeinschaften geleistet, die in den verschiedensten Orten bestehen. Der Reichsausschuß selbst gliedert sich in Landes- und Provinzialausschüsse. Alle diese Organisationen sind neben den Behörden, den Versicherungsträgern, den sozialhygienischen Reichsfachverbänden, der Ärzteschaft, der Lehrerschaft und dem Roten Kreuze bestrebt, gemeinsam das Werk der hygienischen Volksbelehrung zu fördern. Ihre Arbeit läuft nicht nur darauf hinaus, dem Einzelnen das Leben zu verlängern, sondern ist auch weiterhin bedacht, es leistungsfähiger zu machen. Über die Erfolge dieser weitausschauenden Maßnahmen äußerte sich Sonderegger bereits in prophetischer Weise:

„Das Verlangen nach Gesundheitspflege und vorbauenden Maßnahmen ist so wenig aus der Tiefe des Volkes heraufgestiegen, als das Verlangen nach Schulen aus einem armen und unwissenden Lande aufsteigt. Haben aber die Gebildeten und die Regierenden ihre Schuldigkeit getan und den Keim der Schulbildung oder der Gesundheitspflege in das Volk hineingelegt, dann entwickelt er sich auf diesem Boden kräftig weiter, um Blüten und Früchte zu treiben. Wo einmal gute Schulen bestehen, da wächst das Verständnis und das Bedürfnis dafür, und wo einmal, auch nur auf einem einzelnen Lebensgebiete, eine zielbewußte Gesundheitspflege eingerichtet ist, da entwickelt sie sich weiter und jetzt unmittelbar aus den breiten Schichten des Volkes, in welchem ja die Wurzeln alles geistigen und leiblichen Nationalvermögens liegen."

Es gibt nur eine Macht, die den Menschen vor der Verzweiflung und die Völker vor dem Untergang bewahrt: das Wohlwollen, das Erbarmen mit der Not, die Freude am Wohlergehen der Mitmenschen, das Glück zu helfen. Das ist jedem möglich und dazu ist jeder verpflichtet.

Unberührt von den kurzen Erfolgen der Roheit und der Selbstsucht, unbeirrt vom Wirrsale der Welt, arbeitet die Liebe auf allen Gebieten des bürgerlichen Lebens, sie allein ist auch die Seele der Volksgesundheitspflege.

Die Macht der Wahrheit wächst langsam, aber unwiderstehlich, und auch auf dem Gebiete der Gesundheitspflege wird einst das heilige Gesetz der Menschheit herrschen: „Was ihr wollt, daß euch die Leute tun sollen, das tut auch ihnen!"

Hygienische Volksbildung. Von Dr. med. **Martin Vogel,** Wissenschaftlicher Direktor am Deutschen Hygiene-Museum, Generalsekretär des Sächsischen Landesausschusses und vorm. Generalsekretär des Reichsausschusses für Hygienische Volksbelehrung. (Sonderausgabe des gleichnamigen Beitrages in dem I. Band des „Handbuches der sozialen Hygiene und Gesundheitsfürsorge".) Mit 6 Abbildungen. IV, 88 Seiten. 1925. RM 3.—

Gedanken über hygienische Volksbelehrung, ihre Wege und Hilfsmittel. Von Dr. med. **G. Frey,** Direktor der Medizinischen Abteilung des Reichsgesundheitsamts. (Erweiterter Sonderabdruck aus „Arbeiten aus dem Reichsgesundheitsamte", Band 57, Festband anläßlich der Feier des 50jährigen Bestehens des Reichsgesundheitsamts 1926.) 38 Seiten. 1927. RM 2.—

Die Tuberkulose und ihre Bekämpfung durch die Schule. Eine Anweisung für die Lehrerschaft. Von Dr. **H. Braeuning,** Chefarzt der Fürsorgestelle für Lungenkranke und Direktor des Städtischen Tuberkulose-Krankenhauses Stettin-Hohenkrug, und **Friedrich Lorentz,** Rektor in Berlin, Mitglied des Reichsgesundheitsrats und des Landesgesundheitsrats in Preußen. Dritte, verbesserte Auflage. Mit 3 Abbildungen. VI, 132 Seiten. 1926. RM 2.50

Besonnung und Belüftung Gesunder, Gelenk- und Lungentuberkulöser. Von Professor Dr. med. **Eugen Kisch,** Ärztlicher Leiter der „Heilanstalten für Äußere Tuberkulose" in Hohenlychen und des „Ambulatoriums für knochen- und gelenkkranke Kinder" in Berlin. Mit 6 Abbildungen. IV, 16 Seiten. 1926. RM 1.80

Alkohol und Volksgemeinschaft. Drei Vorträge Rostocker Hochschullehrer, gehalten auf Einladung der Rostocker Studentenschaft am 19. Mai 1925. Mit 3 Abbildungen. IV, 32 Seiten. 1926. RM 0.75

Die Ernährung des Menschen. Nahrungsbedarf, Erfordernisse der Nahrung, Nahrungsmittel, Kostberechnung. Von Professor Dr. **Otto Kestner,** Direktor des Physiologischen Instituts an der Universität Hamburg, und Dr. **H. W. Knipping,** Privatdozent, früherem Assistenten des Physiologischen Instituts an der Universität Hamburg. Mit zahlreichen Nahrungsmitteltabellen und 10 Abbildungen. Dritte Auflage. VI, 136 Seiten. 1928. RM 5.60

Grundriß der Berufskunde und Berufshygiene. Von Professor Dr. **B. Chajes,** Berlin. Zweite, vollständig umgearbeitete und vermehrte Auflage. Mit 3 Abbildungen. VIII, 398 Seiten. 1929. Gebunden RM 14.—

Grundriß der Gesundheitsgesetzgebung und der Gesundheitsfürsorge einschließlich der Sozialversicherung für männliche und weibliche in der Wohlfahrtspflege tätige Personen, insbesondere Wohlfahrtspflegerinnen, Gemeindeschwestern, ferner für den Gebrauch an Wohlfahrtsschulen, pädagogischen Akademien und Volkshochschulen. Von Medizinalrat Dr. **R. Engelsmann,** Kreisarzt des Stadtkreises Kiel. VIII, 163 Seiten. 1929. RM 4.80